Criminologia
— trajetórias transgressivas —

Conselho Editorial
André Luís Callegari
Carlos Alberto Alvaro de Oliveira
Carlos Alberto Molinaro
Daniel Francisco Mitidiero
Darci Guimarães Ribeiro
Draiton Gonzaga de Souza
Elaine Harzheim Macedo
Eugênio Facchini Neto
Giovani Agostini Saavedra
Ingo Wolfgang Sarlet
Jose Luis Bolzan de Morais
José Maria Rosa Tesheiner
Leandro Paulsen
Lenio Luiz Streck
Paulo Antônio Caliendo Velloso da Silveira

N972c   Nunes, Laura M.
          Criminologia: trajetórias transgressivas / Laura M. Nunes, Jorge Trindade. – Porto Alegre: Livraria do Advogado Editora, 2013.
          182 p.; 21 cm. – (Coleção Direito e Psicologia)
          Inclui bibliografia.
          ISBN 978-85-7348-876-0

          1. Criminologia. 2. Delito. 3. Psicologia criminal. 4. Criminologia - Aspectos biológicos. I. Trindade, Jorge. II. Título. III. Série.

CDU 343.9
CDD 364

Índice para catálogo sistemático:
1. Criminologia   343.9

(Bibliotecária responsável: Sabrina Leal Araujo – CRB 10/1507)

COLEÇÃO DIREITO E PSICOLOGIA

Laura M. Nunes
Jorge Trindade

Criminologia
— trajetórias transgressivas —

Porto Alegre, 2013

©
Laura M. Nunes
Jorge Trindade
2013

Capa, projeto gráfico e diagramação
Livraria do Advogado Editora

Revisão
Rosane Marques Borba

Gravura da capa
Stock.xchng

Direitos desta edição reservados por
Livraria do Advogado Editora Ltda.
Rua Riachuelo, 1300
90010-273 Porto Alegre RS
Fone/fax: 0800-51-7522
editora@livrariadoadvogado.com.br
www.doadvogado.com.br

Impresso no Brasil / Printed in Brazil

Para a Catarina, por sua graça e encanto.
Jorge Trindade

Para a Liane, por tudo quanto as palavras não conseguem dizer.
Laura Nunes

Nota dos autores

A presente obra nasceu da ideia de integrar conhecimentos e compõe mais um volume da coleção Direito e Psicologia, já consolidada por importantes títulos como, por exemplo, *Pedofilia: aspectos psicológicos e penais* (3ª edição), em parceria com Ricardo Breier; *Psicopatia: a máscara de justiça*, em coautoria com Andrea Beregaray e Mônica Cuneo; *Psicologia Judiciária para a Carreira da Magistratura* (2ª edição), com Fernanda Molinari e Elise Trindade, e *Medo: fronteira entre o sobreviver e o viver*, de Italo Abrantes Sampaio.

Este trabalho, como os demais títulos da coleção, parte do pressuposto de que a ciência moderna se faz por conexões. No mundo da comunicação instantânea, a disciplina compartimentalizada, solitária e unidimensional constitui uma espécie em vias de extinção. Ligar saberes, portanto, inaugura outro saber. Institui uma área de intersecção e funda um novo território epistemológico.

Com efeito, a visão da pós-modernidade tem uma formatação diferente, dinâmica, inconclusa, sempre por construir e em permanente questionamento. Pôr a prova, duvidar sempre, inserir mais do que separar e excluir, eis o desafio imposto pelo universo caleidoscópico da multidisciplinariedade. De fato, a realidade pode ser vista por muitos prismas. Cada qual contém suas verdades, mas, no momento de uma nova conexão, logo se percebe que cada compreensão foi apenas um mal-entendido. Outras verdades surgem. Há destituições do conhecimento provisório para que outro se assente em seu lugar. Não por muito tempo, é claro, pois as conexões são constantes e infinitas as possibilidades. Em cada olhar uma surpresa. Nas suas combinações, o inesperado faz a sua visita.

No caso, Laura Nunes, Professora da Universidade Fernando Pessoa (Porto, Portugal) propôs a ideia de adicionar este livro às suas obras já publicadas, como: *Crime e Comportamentos Criminosos*; *Droga-Crime – (Des)Construções*, e *Drogas e Comportamentos de Adicção* (2ª edição), em coautoria com Glória Jolluskin. Assim, partiu-se de um modelo inicial de conexão entre teoria e prática baseado em abordagens recentes que possibilitaram a apresentação de uma visão integradora. A esse modelo inicial, acrescentamos outro. Criou-se a encruzilhada. Formou-se o diálogo. Desestabeleceu-se a zona de fronteira. *Criminologia: trajetórias transgressivas* expressa esse movimento de superação de propriedades.

Fica, pois, o desejo de que o leitor seja também nosso interlocutor.

Porto Alegre (Brasil) e Porto (Portugal), outono de 2013.

Laura Nunes e Jorge Trindade

Prefácio

Os Professores **Doutor Jorge Trindade** (brasileiro) e **Doutora Laura Nunes** (portuguesa), reforçando os laços luso-brasileiros, nos brindam com mais esta belíssima obra – **Criminologia: trajetórias transgressivas** – sob a ótica da transdisciplinaridade, apresentando riquíssimos substratos para a melhor compreensão do fenômeno criminal, visto como *fator biopsicossocial*.

Este livro nasce, para **Jorge Trindade**, como corolário das obras que integram a "coleção Direito e Psicologia", que já se consolidou com títulos importantes como, por exemplo, *Pedofilia: aspectos psicológicos e penais* (3ª edição), em parceria com Ricardo Breier; *Psicopatia: a máscara de justiça*, em coautoria com Andrea Beregaray e Mônica Cuneo; *Psicologia Judiciária para a Carreira da Magistratura* (2ª edição), com Fernanda Molinari e Elise Trindade; *Medo: fronteira entre o sobreviver e o viver*, de Italo Abrantes Sampaio, os quais se colocam no eixo de uma obra que se tornou clássica e indispensável para todos nós, o festejado *Manual de Psicologia Jurídica para Operadores do Direito*.

Para **Laura Nunes**, por sua vez, Professora da Universidade Fernando Pessoa (Porto, Portugal), surgiu a ideia de adicionar este trabalho às suas obras já publicadas, como: *Crime e Comportamentos Criminosos*; *Droga-Crime – (Des)Construções* e *Drogas e Comportamentos de Adicção* (2ª edição), em coautoria com Glória Jolluskin.

Assim, a autora lusitana e o professor brasileiro propõem um modelo inicial, perspectivado numa ponte entre teoria e prática baseado em abordagens recentes que possibilitaram a apresentação de uma visão integradora. Sob essa base bipartida, **Laura Nunes** e **Jorge Trindade** acrescentaram este novo trabalho bifurcando conhecimentos que, ao final, se interconectam, na linha do pensamento aqui exposto. Com efeito, *Criminologia: trajetórias transgressivas* pretende expressar um movimento de superação de toda e qualquer apropriação unilateral.

Nesta obra, os Professores **Jorge Trindade** e **Laura Nunes** reconhecem que a integração de conhecimentos representa o futuro da ciência pós-moderna, e que, necessariamente, se faz por meio de *interconexões*, restando ultrapassada a concepção de disciplinas isoladas, individuais e unidimensionais, as quais se mostram incompatíveis com o mundo cibernético, que nos brinda uma nova era de comunicação instantânea globalizada.

Destacam nossos prefaciados que esta obra "parte do pressuposto de que a ciência moderna se faz por conexões. No mundo da comunicação instantânea, a disciplina compartimentalizada, solitária e unidimensional constitui uma espécie em vias de extinção. Ligar saberes, portanto, inaugura outro saber. Institui uma área de intersecção e funda um novo território epistemológico".

Fiéis à ideia central do livro – **a interconexão científica sob o prisma da ligação de saberes** – **Laura Nunes** e **Jorge Trindade** dialogam unindo teoria e prática, comprovando a assertiva de que a ciência não pode ser isolada e unidimensional. A integração dialógica operacionalizada com esmero pelos autores resultou nesta magnífica obra, profunda e, ao mesmo tempo, simples e prática. Como destacam os próprios prefaciados: *"Assim, a autora propôs um modelo inicial, perspectivado numa ponte entre teoria e prática, e baseado em abordagens recentes que possibilitaram a apresentação de uma visão integradora. A esse modelo inicial, acrescentamos outro. Formou-se o diálogo. Criou-se a encruzilhada. Desestabeleceu-se a zona de fronteira.* **Criminologia: trajetórias transgressivas** *– expressa esse movimento de superação de propriedades"*.

A conclusão não poderia ser melhor. A propósito da união de dois modelos, o jurídico e o psicológico, podemos afirmar que o resultado final, fazendo um trocadilho, não transgrediu a trajetória inicialmente pretendida, individualmente pelos professores Trindade e Nunes, mas, pelo contrário, confirmou a tese do surgimento de novos saberes, com novas verdades, como dizem os próprios professores, embora *"não por muito tempo, é claro, pois as conexões são constantes e as possibilidades infinitas"*.

Esta obra compõe-se de quatro capítulos estruturantes do pensamento de nossos prefaciados. Começa propondo uma digressão por diversas abordagens da criminalidade, em que iniciam os primórdios da criminologia, com a pretensão de demonstrar o significado de comportamento antissocial, da delinquência e do crime. Abordam diferentes concepções desse complexo fenômeno, bem como destacam algumas teorias e modelos relativos às principais perspectivas teórico-interpretativas. Progridem, no segundo capítulo, examinando aspectos do desenvolvimento das condutas transgressivas e expõem algumas abordagens relacionadas com a presença ou ausência desses fatores ao longo do desenvolvimento do indivíduo. No capítulo terceiro, dedicam-se aos fatores biológicos e às suas influências sobre o comportamento antissocial, especialmente sobre a conduta criminosa.

Reservam o quarto capítulo para explorar os traços psicológicos associados à manifestação de comportamentos delituosos e enfrentam, ainda, *"a exploração da personalidade, enquanto dimensão complexa e vasta, tão frequentemente estudada no âmbito dos comportamentos criminosos"*. Reconhecem, contudo, a dificuldade para traçar o desenvolvimento de um perfil de funcionamento criminal, considerando que, de certa forma, *"também está relacionado com as instâncias de controle social, formal e informal, e com os seus mecanismos de atuação"*.

Procuram, enfim, em última instância, apresentar uma visão global de alguns dos muitos elementos indissociáveis dos processos de instalação e de desenvolvimento de trajetórias delinquentes, sem esquecerem as origens dos estudos da Criminologia e a forma como foram sendo geradas diferentes visões sobre as normas instituídas e a sua violação. Reconhecem, em outros termos, que a existência de códigos de conduta implica a probabilidade de sua violação, traçando trajetórias transgressivas.

Resumindo, o livro é fascinante, pois, a despeito de sugerir, à primeira vista, certa complexidade para os *não iniciados*, mostra-se, na verdade, ser de uma leitura agradável, provocativa e insinuante. A cada parágrafo convida o leitor a prosseguir mergulhando em seu conteúdo na tentativa de desbravar a diversidade de conexões que o conhecimento científico apresenta. Mas não seria justo com nossos prefaciados – **Profª. Laura Nunes** e **Prof. Jorge Trindade** – antecipar todo o conteúdo deste belíssimo trabalho, que tem a leveza e a instigação como se fora um bom romance, estimulando o leitor a prosseguir na continuidade das descobertas que referidos professores estão a oferecer.

Concluindo, este magnífico trabalho de **Laura Nunes** e **Jorge Trindade**, por todas as razões expostas, merece ser consultado pelos estudiosos das ciências penais e por todos aqueles que se preocupam com o estudo psicológico, antropológico e filosófico do agir criminoso, desde a via da Criminologia e até a da Política Criminal, interconectando todos os campos dos saberes relativos ao homem delinquente e ao fenômeno social da criminalidade.

Brasília, junho de 2013.

Prof. Dr. Cezar Roberto Bitencourt
Doutor em Direito Penal pela Universidade de Sevilha.
Professor do Programa de Pós-Graduação
em Ciências Penais da PUCRS.

Sumário

Introdução..17
Capítulo I – As origens da criminologia................................21
   1.1. A criminologia e os contributos para a sua emergência..........23
   1.2. Criminologia: entre o estudo do crime e o do criminoso..........28
   1.3. A escola positivista e a criminologia como ciência................32
   1.4. Conduta antissocial, delinquência e crime..........................35
   1.5. Em busca de um conceito de delinquência juvenil:
       pela norma e para além da norma juridica..........................47
   1.6. A norma e a regulação de comportamentos.........................71
   1.7. A transgressão à norma...76
   1.8. Práticas preventivas – modelo de Bloom............................79
   Síntese do Capítulo I..83
Capítulo II – Trajetórias transgressivas................................85
   2.1. Fatores implicados nos comportamentos – risco e proteção......85
   2.2. O processo de socialização e as principais esferas de influência...87
   2.3. Risco, proteção e estilo de vida – Jessor............................95
   2.4. Modelo de desenvolvimento social – Catalano & Hawkins......97
   2.5. Trajetórias transgressivas – envolvimento..........................100
      2.5.1. Trajetórias transgressivas – formação droga/crime.......107
   2.6. Princípios orientadores da prevenção – da teoria à prática.....109
      2.6.1. Algumas orientações para programas de prevenção.....112
   Síntese do Capítulo II..114
Capítulo III – Trajetórias transgressivas – fatores biológicos......115
   3.1. Fatores biológicos implicados nas trajetórias transgressivas...115
      3.1.1. A procura de determinantes biológicos.....................116
      3.1.2. Estudos de caráter genético...................................117
         3.1.2.1. Estudos com gêmeos.................................117
         3.1.2.2. Estudos de adoção...................................121
         3.1.2.3. Estudos cromossômicos.............................123
      3.1.3. Estudos de caráter orgânico...................................128

3.1.3.1. Estudos com base no eletroencefalograma..........128
  3.1.3.2. Estudos que envolvem a disfunção cerebral.......130
  3.1.3.3. Estudos que envolvem o sistema nervoso
      autônomo...132
  3.1.3.4. Outros fatores biológicos implicados................133
Síntese do Capítulo III..135
Capítulo IV – Trajetórias transgressivas – fatores psicológicos......137
  4.1. Fatores psicológicos implicados nas trajetórias transgressivas...137
    4.1.1. A focalização nos processos intrapsíquicos...................138
    4.1.2. A focalização nos processos de aprendizagem.............142
    4.1.3. A focalização nos processos de tratamento de
        informação...150
    4.1 4. A focalização nos processos intelectuais.....................156
    4.1 5. A focalização nos processos de personalidade..............158
      4.1.5.1. A análise da personalidade – a proposta de
          Costa & McCrae..164
  4.2. A identificação de elementos facilitadores –
      avaliação preliminar..167
  Síntese do Capítulo IV...169
Conclusão..171
Referências bibliográficas...173

Índice dos quadros e figuras

Quadro 1.1. Critérios de diagnóstico para a Perturbação Antissocial da Personalidade (adaptado de *American Psychiatric Association*, 2002)..................39

Figura 1.1. A norma e a transgressão..................78

Figura 1.2. Equação Configuracional para definição de práticas de prevenção primária (adaptado de Bloom, 1996)..................80

Figura 1.3. Configuração dos fatores que devem ser considerados na análise de qualquer problema humano (adaptado de Bloom, 1996)..................80

Quadro 1.2. Componentes e elementos a trabalhar, segundo o Modelo Geral proposto por Bloom (1996)..................81

Figura 1.4. Norma, transgressão, comportamentos desviantes e a evolução da forma como têm vindo a ser interpretados....84

Quadro 2.1. Fatores de risco para a delinquência (adaptado de Loeber & Farrington, 1998)..................91

Quadro 2.2. Fatores de risco e de proteção, com diversas origens (adaptado de Costa, Mato & Morales, 1999)..................94

Figura 2.1. Estrutura conceitual dos comportamentos de risco do adolescente (adaptado de Jessor, 1991)..................96

Figura 2.2. Modelo Geral de Desenvolvimento Social (adaptado de Catalano e Hawkins, 1996)..................99

Figura 2.3. Possíveis trajetórias transgressivas..................107

Figura 2.4. Aspectos a considerar para a criação de programas de prevenção..................113

Figura 2.5. Desenvolvimento de trajetórias transgressivas, sob uma multiplicidade de influências..................114

Quadro 3.1. Apresentação esquemática dos estudos de caráter genético..................117

Quadro 3.2. Apresentação esquemática de alguns estudos com gêmeos..................120

Quadro 3.3. Apresentação esquemática dos estudos de caráter orgânico..................128

Figura 3.1. A busca dos determinantes biológicos do comportamento criminoso..................136

Quadro 4.1. Focos centrais de algumas perspectivas psicológicas do crime..138
Figura 4.1. Esquema do Modelo Geral do crime sob o ponto de vista psicanalítico (adaptado de Cusson, 2005)...............141
Figura 4.2. Modelo Cognitivista de Passagem ao Ato Agressivo (Dodge, 1986; adaptado de Born, 2005).........................152
Figura 4.3. Modelo de Born e Goffin (1999; adaptado e ampliado de Born, 2005)...155
Figura 4.4. Perspectivas da personalidade, de Le Blanc e de Cusson...163
Figura 4.5. As grandes dimensões e as facetas da personalidade (adaptado de Costa e McCrae, 2000)..............................166
Figura 4.6. Sistema de personalidade de acordo com a perspectiva dos cinco grandes fatores (adaptado de McCrae e Costa, 1995)..167
Quadro 4.2. Lista de verificação da presença/ausência de elementos facilitadores de trajetória transgressiva........168
Figura 4.7. Algumas perspectivas psicológicas do crime..................170

Introdução

> "A vida é um mecanismo de escolha,
> preferência e adiamento. Qualquer escolha
> é também uma exclusão."
> (Julián Marcias Aguilera)

Os caminhos do delito constroem-se e consolidam-se através de trajetos de vida transgressivos, mediante um tipo de comportamento que é alvo de atenção multidisciplinar, especialmente da Psicologia, do Direito e da Criminologia, dentre outras. Na verdade, a conduta antissocial, o crime e o delito constituem objetos de análise de diversos campos de estudo, alguns deles muito diferentes entre si, sendo necessário criar uma nova área de convergência epistemológica entre esses saberes.

As diferentes leituras e interpretações do fenômeno, a par das díspares filiações teóricas dos autores que, por sua vez, se integram em diversos contextos socioculturais e em diferentes paradigmas e áreas do saber, têm conduzido ao desenvolvimento de várias abordagens teóricas. Dessas construções interpretativas, algumas serão apresentadas ao longo deste livro, que pretende fornecer um panorama geral de algumas das diferentes leituras e dos desiguais, mas não menos úteis, contributos dados por cada vertente teórica a respeito de um fenômeno que desperta grande interesse científico nos tempos da pós-modernidade.

Assim, nessa multiplicidade de abordagens, a origem do comportamento criminoso foi atribuída a causas biológicas, a traços de personalidade, a aspectos intrínsecos e individuais e, também, a motivos socioeconômicos, sempre na tentativa de encontrar explicação da conduta transgressora. Perspectivas de índole mais compreensiva e integradora têm surgido, no intuito de melhor se compreender o que poderá estar subjacente ao desenvolvimento de trajetórias delinquentes, negando-se cada vez mais a busca exclusiva das causas lineares e diretas desses comportamentos (modelos monofatoriais). Atualmente, parece mais consensual a necessidade de se fazer uma abordagem que integre múltiplos fatores, que abarque as várias dimensões do ser humano enquanto sistema complexo, procurando-se os elementos processuais inerentes à instalação e ao desenvolvimento de trajetos de vida delinquentes (modelos multifatoriais).

Esta obra propõe uma digressão por algumas dessas diferentes abordagens ao tema, começando por apresentar alguns elementos relacionados com os primórdios da Criminologia. Em seguida, procura compreender o que se entende por comportamento antissocial, delinquência e crime. Na sequência, são expostos alguns aspectos associados à norma, à sua definição e àquilo que se pretende dela, enquanto elemento regulador de condutas que visa à manutenção da ordem instituída. Depois, apresenta diferentes abordagens teóricas ao fenômeno do crime, destacando determinadas teorias e modelos pertencentes a algumas das grandes perspectivas interpretativas.

O segundo capítulo é dedicado ao risco e à proteção, como elementos implicados no desenvolvimento de trajetórias transgressivas, expondo algumas abordagens que remetem para a presença/ausência desses fatores ao longo do desenvolvimento do indivíduo.

No capítulo terceiro, são referidos os fatores biológicos e a sua influência sobre os comportamentos do sujeito, nomeadamente, sobre as condutas criminosas.

Depois, no quarto capítulo, são explorados os traços psicológicos associados à manifestação de comportamentos delituosos para, ainda dentro das perspectivas psicológicas, ingressar na exploração da personalidade, enquanto dimensão complexa e vasta, tão frequentemente estudada no âmbito dos comportamentos criminosos. Se é certo que na estruturação da personalidade se encontram algumas das características que poderão afetar as condutas dos indivíduos, não será menos correto afirmar que o desenvolvimento de um perfil de funcionamento criminal, de certa forma, também está relacionado com as instâncias de controlo social, formal e informal, e com os seus mecanismos de atuação. Por isso, este tema, tão vasto e multifacetado, não se esgota nesse capítulo.

Assim, o que se apresenta neste livro pretende oferecer uma visão global de alguns dos muitos elementos indissociáveis dos processos de instalação e de desenvolvimento de trajetórias delinquentes, não esquecendo os primórdios da Criminologia e a forma como foram gerando diferentes visões sobre as normas instituídas e a sua violação. Na verdade, havendo códigos de conduta estabelecidos, haverá sempre a possibilidade de se os violar, traçando trajetórias transgressivas. Nesse aspecto, pode-se dizer que a norma é o termo que possibilita, do ponto de vista jurídico, a transgressão.

Capítulo I – As origens da criminologia

> "A humanidade encontra-se suspensa (...) entre os deuses e os animais."
> (Plotino, cit. In Sagan, 1997, p. 7)

O trajeto percorrido pelas pessoas com comportamentos criminosos foi, por longo tempo, olhado de forma semelhante ao daqueles que padeciam de problemas mentais. Pode afirmar-se que ambas as figuras percorreram um penoso caminho, sobretudo antes do século XVIII, quando a condição designada "loucura" era considerada como um fenômeno demoníaco, não raras vezes associado também ao crime (Cordeiro, 2003). Saliente-se que a perspectiva demoníaca é a mais antiga abordagem que se conhece acerca do desvio e, segundo este ponto de vista, o mundo dos humanos seria invadido e possuído por forças não humanas e extremamente fortes. Assim, sempre que o indivíduo sucumbisse a tais forças de natureza demoníaca, entraria num registro de comportamento desviante. Essa ocorrência poderia se verificar através de duas formas: pela tentação ou pela possessão (Pfohl, 1994). Também ao portador de doença mental foi sendo atribuído o mal proveniente da possessão demoníaca, num paralelismo entre o doente mental e o criminoso, que se manteve por muito tempo.

Em uma lógica de proteção das sociedades relativamente às figuras desviantes, o enclausuramento era o destino marcado para o sujeito não normativo, reunindo-se os que padeciam de Psicopatologia àqueles que haviam cometido crimes, em instituições não ligadas a um sistema de saúde, mas antes sob a tutela do poder judiciário (Cordeiro, 2003).

Efetivamente, a definição clara dos limites entre a razão e a "loucura" apresenta-se como uma tarefa difícil e, ao longo do tempo, a doença mental foi sendo alvo das mais diversas designações e interpretações (Trindade, 2012). Ao nível das questões criminais, as dificuldades não têm sido muito menores, podendo afirmar-se que, por vezes, se torna muito difícil definir objetivamente se o criminoso cometeu o crime por estar, ou não, afetado de uma perturbação mental (Rocha, 2008). Recorde-se que Lombroso esboçou alguns aspectos diferenciadores entre o "louco" e o "criminoso", segundo se assemelhava, em termos morais, mais ao "selvagem" do que ao "alienado" (Tarde, 1924/2004). No entanto, Lombroso, por muitos é considerado o pai da Criminologia, apontou os "degenerados" como os que teriam a marca anatômica do crime e, desse grupo, constavam também os doentes mentais (Moraes & Fridman, 2004), numa nítida confusão entre as duas figuras. Evidentemente, crime e doença mental eram alvo de tratamento similar. Ao transgressor, com doença mental ou sem ela, eram impostas penas como a morte, as galeras, o açoite, a confissão pública e o banimento, em que as penalizações de teor físico predominavam e variavam em função dos costumes, da natureza do crime e do *status* do prevaricador (Foucault, 1997).

Assim sendo, por muito tempo, criminosos e doentes mentais partilharam espaços e formas de tratamento. Em 1784, Pinel acabou por proceder à separação dos indivíduos com problemas mentais daqueles que, não apresentando quaisquer sinais de patologia, haviam executado crimes. Na França do início do século XIX, mais precisamente nos hospitais *Bicêtre* e *Salpêtrière*, onde eram enclausurados os que padeciam de enfermidade mental tendo cometido crimes, o médico se tornou notório por seus métodos de libertação das correntes a que estava preso e ter providenciado que tais sujeitos recebessem um tratamento diferente. Pinel procurou também proceder a um registro, seguido de uma classificação, dos sinais e dos sintomas evidenciados por aqueles indivíduos (Cohen & Marcolino, 2006).

Não obstante, o destino do doente mental e do criminoso continuou a ser abandonado pela sorte, não se tornando muito diferente do que era anteriormente, na medida em que tais indivíduos passaram a ser encarcerados em hospitais psiquiátricos, garantindo-se assim a proteção da sociedade normativa por via do isolamento daqueles que constituíam uma ameaça às regras instituídas (Cordeiro, 2003).

Na verdade, o doente mental e o criminoso encontravam-se juntos no século XVII, habitando os mesmos espaços e sofrendo igual tratamento, tendo acabado por ser posteriormente separados, no decurso do desenvolvimento de intervenções diferenciadas. No entanto, essas duas figuras, a do criminoso e a do doente mental, teriam um novo encontro marcado num espaço definido em termos racionais e intelectuais, sob a égide da lógica e do discurso racional e científico, que procede à busca etiológica do crime no âmbito da Psicopatologia (Manita, 1998).

1.1. A criminologia e os contributos para a sua emergência

O desenvolvimento da Criminologia como ciência foi antecedido de diferentes etapas que, anteriores à científica, foram marcadas por diversos contributos para a posterior emergência da atual Criminologia, enquanto ciência autônoma.

Numa fase primitiva, os homens definiam as suas normas baseados nos deuses e em ideias impregnadas de um sentido mágico e religioso que, embora não tendo relação com a Criminologia, remete para os grupos de delinquentes que atualmente revelam uma série de superstições associáveis a tempos muito remotos. Na verdade, primitivamente havia normas em que dominava um pensamento mágico, e que serviam para zelar pela segurança do grupo e que, pelo menos aparentemente, nada tinham em comum com a atual Criminologia (López, 1991). Podem-se apontar códigos que visavam à regulação das condutas, como é o caso do Código de *Hammurabi* que, sendo um dos mais antigos códigos escritos conhecidos, tornou-se um elemento unificador do Império Babilônico, procurando proteger as populações e combater a ilegalidade. Tratava-se, também, de um guia sobre os procedimentos legais, sobre os comportamentos ilícitos e as penas que lhes seriam atribuídas. Na Antiga China, o pensamento de Kung Fu-Tze produziu um conjunto de regras que podem se interpretar como preventivas do crime e do comportamento antissocial (Hikal, 2010a).

Em praticamente todas as épocas, são encontrados deuses cujos mandamentos ou regras acabam por ter implícitos os códigos de conduta e as orientações para os seus seguidores. A própria Bíblia pode ser considerada como uma espécie de "tratado" que, sob uma perspectiva religiosa, aborda uma série de comportamentos antissociais e de índole criminosa, procurando controlá-los através dos seus mandamentos e atribuir-lhes "castigos divinos" (Hikal, 2010a). Repare-se que Kaiser categoriza os diferentes meios de controle social entre os parciais e os protagonistas. Dos primeiros, fazem parte a religião, a moral, o saber, a educação e o direito, enquanto os segundos integram a igreja, a opinião pública, a ciência, os pais e a escola, a polícia e o sistema de justiça. Assim, o autor posiciona o componente religioso entre os elementos mais proeminentes do saber/fazer criminológico (Ramón, 1996).

Além dos códigos religiosos, desde há muito se desenvolviam esforços no sentido de identificar aqueles que, num trajeto de desvio à norma, manifestavam comportamentos delinquentes. No Egito, os que praticavam crimes eram estigmatizados e marcados, por exemplo, através do arranque dos dentes, para que fossem claramente identificados. Curiosamente, também se faziam dentes artificiais, de madeira ou de marfim, para proteger a reputação daqueles a quem os dentes tivessem sido extraídos por motivos diferentes dos relacionados com os comportamentos desviantes (López, 1991).

Na Antiga Grécia, Platão entendia a ignorância, a procura de prazer e as paixões, a inveja, o ciúme, a ambição e a cólera, como elementos associados ao crime, e defendia que a pena seria uma espécie de remédio a ser aplicado ao delinquente, com o objetivo de libertá-lo desse mal. Aristóteles preconizava a necessidade de punir o criminoso, fazendo-o sofrer as consequências dos danos por ele causados à sociedade e, surpreendentemente, o filósofo já apontava a pobreza como um fator que estaria ligado à prática de certos crimes (Escobar, 2005). Para Sócrates, a base para a compreensão dos conceitos de justiça, de amor e de virtude, residiria no conhecimento, sendo que o "vício" resultaria da ignorância (Hikal, 2010a).

Já no século XIII, Tomás de Aquino afirmava que as virtudes seriam função das disposições do corpo, e distinguia o ladrão por necessidade, alegando que esse seria aquele cuja situação de fome levaria à prática criminosa (López, 1991). Bem mais tarde, no século XVI, Morus, na sua obra designada por "Utopia", referiu a vaga de criminalidade da Inglaterra daquele tempo, e apontou a própria sociedade como contribuindo para o fenômeno (Escobar, 2005). Jurista e humanista inglês, Morus destacou-se pelo seu pensamento utópico, estabelecendo ligações entre a criminalidade e os fatores socioeconômicos, e referindo a importância do papel das sociedades no desenvolvimento do crime. Assim, de acordo com Morus, o crime não seria mais do que a resposta a múltiplos elementos presentes nas sociedades, como as guerras, os défices culturais e educativos, o meio social, o ócio e muitos outros. Aliás, os fatores de natureza socioeconômica eram enfatizados pelo jurista, que não se privou de mencionar a desigual distribuição de riqueza como elemento favorecedor do crime (García-Pablos, 1988).

Ainda no século XVI, mais precisamente em 1536, Della Porte publicou "A fisionomia humana", revelando que, a partir do estudo de cadáveres de diversos criminosos, havia observado uma associação entre os traços do rosto e a prática de crimes (Escobar, 2005). Nesse tempo, a abordagem do crime apresentava características muito diferentes das que se verificam atualmente. No século XVII, Mabillon estabeleceu as primeiras prisões monásticas na França, sendo seguido por Franci, na Itália. No século seguinte, as prisões reuniam condições deploráveis, e os procedimentos adotados eram igualmente lastimáveis. As confissões, por exemplo, eram obtidas sob tortura, e os legisladores fixavam-se no imperativo de punir, não havendo preocupações com a prevenção. Aliás, essa realidade foi alvo de críticas por parte de Montesquieu, que afirmou caber ao bom legislador o desenvolvimento de esforços, mais no sentido de prevenir o crime, do que de o punir (López, 1991).

Numa visão diferente do que era habitual, Rosseau, na definição de "contrato social", alertou para o fato de a miséria ser a fonte e a razão de muitos crimes. De acordo com o autor, o ser humano seria naturalmente livre mas, por força dos obstáculos por ele encontrados, acabaria por se agregar, renunciando, a partir desse momento, à sua total liberdade para se focalizar no bem da comunidade (López, 1991). A razão deveria ser, então, a base dos comportamentos humanos. O apelo à razão, agora ao nível das penas aplicadas aos criminosos, foi um dos enfoques de Benthan (1830), ao referir que toda a punição deveria ter uma forte razão para existir. Este autor defendeu a necessidade de uma clara associação entre delito e pena. Aliás, a irracionalidade, bem como a arbitrariedade e a crueldade das penas, foram alvo de críticas também por parte de Beccaria (1764/2009).

Beccaria partiu da ideia de contrato social e fundamentou o princípio da legalidade das penas atribuídas, defendendo a imperiosa necessidade de prevenir o crime e apresentando uma perspectiva utilitarista da punição. A sua leitura, sob um ponto de vista utilitarista da pena a atribuir ao crime praticado, colocava em destaque a inutilidade de certas punições que, sendo obsoletas, denunciavam o esquecimento da ideia de que a autoridade deve se dirigir a homens livres e felizes, sendo que a pena não poderia nem deveria constituir-se numa "temerosa crueldade". Beccaria realçou a necessidade de políticas preventivas, acentuando a urgência de que houvesse uma proporcionalidade entre crime e castigo, não tanto por motivos relacionados com a expiação dos males provocados, mas por razões puramente preventivas. A sua preocupação com a proporção adequada entre delito e pena relacionava-se, essencialmente, com o fato de essa proporcionalidade tornar as punições mais eficazes. Assim, as leis deveriam ser simples e claras, as políticas deveriam privilegiar a razão e a liberdade, evitando a obscuridade. A justiça deveria, então, constituir o exemplo de bom funcionamento. Livre de toda corrupção, o cidadão honesto deveria sentir o reconhecimento da sua atuação exemplar. Além disso, as populações deveriam ser alvo de medidas no sentido de melhorar os seus níveis culturais e educacionais. O conhecido Marquês de Beccaria não poupou críticas ao sistema de justiça do seu tempo, especialmente em relação à desigualdade de tratamento entre os cidadãos, à prática da pena de morte e da tortura (Beccaria, 1764/2009).

O trabalho de Beccaria foi de grande relevância e inspirou outros que, como Bentham, consideraram a sua obra muito sugestiva (Bellamy, 1995), desenvolvendo um modelo que se constituiu num sólido pilar para a reforma penal e penitenciária daquele tempo (López, 1991). Bentham foi discípulo de Howard, e ambos se destacaram na história da Criminologia. Howard, juiz em Bedford, dedicou-se ao estudo exaustivo das prisões de sua época, procurando apurar, concreta e objetivamente, a real situação dos reclusos instalados nesses estabelecimentos prisionais. O juiz dedicou particular atenção à análise do homem delinquente e do recluso, desenvolvendo pesquisas em que observou diretamente esses indivíduos e as condições em que se encontravam. Já Bentham, embora atendendo a aspectos muito diferentes, desenvolveu um trabalho que não deixa de ser complementar da obra deixada pelo seu mestre, salientando-se pelo extremo utilitarismo com que tratou as penas e pelo importante contributo para a ciência penitenciária (García-Pablos, 1988).

Bentham, mais especificamente, propôs uma arquitetura revolucionária para o controle da supervisão dos reclusos, optando por estruturas de forma circular, com uma torre central que permitisse o total e permanente controle dos que se encontravam presos, usando um mínimo número de guardas prisionais (panóptico). Ainda segundo Bentham, essa arquitetura inovadora traria vantagens e deveria funcionar de acordo com três princípios: a) ausência de sofrimento corporal, b) severidade c) e economia (Bentham, 1791).

Bentham denunciou a legislação da época como "brutal e arcaica". Defendeu a proporcionalidade entre crimes e penas e preocupou-se com uma ideia de pena fortemente inspirada na noção de prevenção (García-Pablos, 1988), uma vez que entendia que o ser humano agia em função do prazer/desprazer decorrente dos seus comportamentos. Assim, face ao desprazer derivado da pena, o ser humano sentir-se-ia menos inclinado a delinquir, verificando-se uma prevenção mais eficaz do crime (Siegel, 2009).

Na verdade, para o jurista inglês, o caráter hedonista dos comportamentos humanos seria a ferramenta a ser utilizada para demover as pessoas de praticarem crimes, atendendo à dureza das penas e mediante processos racionais de ponderação entre as vantagens e as desvantagens da ação delinquente (García-Pablos, 1988). Portanto, em épocas consideravelmente anteriores à fase científica da Criminologia, já se podia verificar a existência de análises muito profundas do crime e daqueles que o praticavam, através do desenvolvimento de ideias que proporcionaram um movimento de aproximação ao que mais tarde se iria revelar como uma ciência própria e autônoma.

1.2. Criminologia: entre o estudo do crime e o do criminoso

A Criminologia, enquanto ciência empírica e autônoma, teria nascido com a obra de Lombroso sobre o homem delinquente. Não obstante, muito antes de Lombroso, foram desenvolvidas investigações a respeito do delito e do delinquente, através de métodos que, indubitavelmente, podem ser considerados empíricos. Trata-se de um conjunto de abordagens ao problema do crime mediante um método, não abstrato e dedutivo, mas analítico e indutivo, com recurso à técnica da observação direta (García-Pablos, 1988). Na verdade, essas observações incidiam sobre o aspeto físico (corpóreo) dos indivíduos e, ao longo do tempo, algumas características foram sendo associadas aos comportamentos de natureza criminosa.

Efetivamente, na Europa Medieval, as imperfeições físicas eram, desde há muito, assumidas como prova de possessão demoníaca (Einstadter & Henry, 2006) e, muito frequentemente, se duas pessoas fossem alvo de suspeita a respeito de um crime, a culpa acabava por recair sobre a que apresentasse pior aspecto físico (Wilson & Herrnstein, 1985). Recorde-se que, entre 1536 e 1615, Della Porte publicou "A fisionomia humana", revelando que, a partir do estudo de cadáveres de diversos criminosos, poder-se-ia se concluir a favor de uma associação entre os traços do rosto e a prática de crimes (Escobar, 2005). Ora, pode afirma-se ter sido essa a primeira ideia associada à Biologia da conduta criminosa, numa descrição das ligações entre certas características físicas ou corpóreas e determinadas tendências mentais, por meio da observação de muitos criminosos, enquanto vivos e após terem sido executados, na prisão de Nápoles (Hurwitz & Christiansen, 1983).

De fato, Della Porte estudou exaustivamente a fisionomia humana e as expressões faciais, numa tentativa de leitura e de interpretação dos traços do rosto eventualmente associados aos traços de caráter (Rafter, 2008), sob uma visão do criminoso como possuidor de sinais marcados nas formas de seu rosto. Estas análises de Della Porte influenciaram significativamente os posteriores estudiosos que se enquadrariam na frenologia do crime e nas teorias "cranioscópicas" (Escobar, 2005). Também Lavater, entre 1741 e 1801, referiu a estreita relação entre os traços faciais e o comportamento dos seres humanos (Lilly, Cullen & Ball, 2010). Para aquele autor, as fisionomias "alteradas" seriam as mais facilmente reconhecíveis e estariam dependentes de "paixões violentas", tendências criminais e hábitos "depravados", refletindo a ausência de sentimentos como o amor, e denunciando a presença de uma orientação para o crime e para o "vício" (Lavater & Sarth, 1820).

Ainda no século XIX, foi publicada a obra de Lombroso, marcando a emergência da Escola Positivista italiana, como resultante das ideias liberais que prevaleceram naquele século em que imperou a busca da determinação das causas e do estabelecimento de relações entre os fenômenos. Importava, então, apostar na observação sistemática e na experimentação para extrair relações que permitissem ligar os fenômenos e prevê-los (Escobar, 2005). Lombroso beneficiou-se da influência de Darwin, partindo de estudos antropológicos que procuravam a presença de traços anatômicos identificadores do delinquente (Robert, 2007) e, dedicando-se à autópsia daqueles que haviam cometido crimes em vida, concluiu que o criminoso seria possuidor de traços herdados e relacionados com a incapacidade de ajustamento social (Godfrey, Lawrence & Williams, 2008).

Por outro lado, além de se enquadrar perfeitamente no paradigma que predominava na época, Lombroso ainda acompanhou o movimento frenológico que, encetado por Gall, viria a identificar achatamentos e protuberâncias cranianas que seriam associadas a determinadas características e capacidades das pessoas (Gonçalves, 2008). Assim, emergiu uma das teorias antropológicas mais conhecidas, centrada no homem criminal, e sendo hoje reconhecida como o marco da Criminologia enquanto ciência. (García-Pablos, 1988).

Ao contrário da primeira edição da obra de Lombroso, a segunda apresentou um "rudimentar" sistema de classificação dos diferentes criminosos, distinguindo, por exemplo, o criminoso passional dos restantes. Esse tipo criminal caraterizava-se por ter uma boa reputação, anteriormente à ação criminosa, arrependendo-se rápida ou imediatamente pelo seu comportamento, cujos motivos subjacentes eram geralmente generosos, quando não sublimes. Já na terceira edição do seu livro, Lombroso adotou a ideia de Ferri e criou a categoria do criminoso nato que, rapidamente, ganhou reconhecimento internacional ao mesmo tempo que despertou críticas entre alguns dos opositores de Lombroso (Lombroso, Gibson & Rafter, 1876/2006).

Na verdade, naquele tempo prevalecia a ideia do criminoso nato, identificado pela análise do caráter e das funções intelectuais, a partir da conformação craniana, considerando-se, então, o cérebro como sede da alma. Lombroso abordou o fenômeno do crime sob a égide dessa perspectiva e, com Ferri e Garofalo, desenvolveu uma forma de identificar o criminoso por meio de um tipo antropológico diferente dos restantes, sendo que tal indivíduo não seria doente por não ter qualquer cura, nem seria responsável pelas suas ações, não sendo, por isso, passível de punição (Queirós, 1997).

Nessa altura da evolução de seu pensamento, o autor também distinguiu os criminosos por serem portadores de insanidade e que, sendo aparentemente normais, padeceriam da incapacidade de distinção entre o bem e o mal.[1] Ao longo das cinco primeiras edições do seu livro, Lombroso foi refinando um sistema de categorização do criminoso e apontando medidas punitivas adaptadas que, segundo ele, deveriam se basear na sua teoria e atender aos diferentes tipos criminais por ele definidos (Lombroso, Gibson & Rafter, 1876/2006). Em 1895, foi dada a conhecer a 10ª edição do "Atlas do homem criminal", e o seu sistema classificatório incluía o criminoso nato, o louco moral, o epilético, o louco, o ocasional e o passional. De acordo com o autor, aquele que evidenciasse sinais exteriores, aos quais denominou "estigmas criminais", associados a um passado remoto, seria o tipo de homem que mal se distinguiria dos animais, sendo o criminoso nato (Martínez, 2006).

Mas a teoria lombrosiana não se ficaria por aí, desenvolvendo estudos sobre a criminalidade feminina e as características das mulheres que cometiam crimes, sempre numa vertente atávica e fortemente assentada no darwinismo. Assim, foi em busca dos aspectos anatômicos que distinguiam essas mulheres daquelas consideradas "normais". Apenas a título de exemplo, para Lombroso, as prostitutas seriam mulheres que teriam nascido extremamente atraentes, enquanto as criminosas seriam dotadas de uma extraordinária força física (Lombroso & Ferrero, 1895/1999). Então, e na sequência destes desenvolvimentos, emergiu a Escola Positivista que veio a consolidar a Criminologia como ciência empírica.

---

[1] Trata-se, sem dúvida, daquilo que, posteriormente, seria reconhecido como inimputabilidade do agente. O instituto da inimputabilidade está previsto no artigo 26 do Código Penal brasileiro, assim redigido: *É isento de pena o agente que, por doença mental ou desenvolvimento mental incompleto ou retardado, era, ao tempo da ação ou omissão, inteiramente incapaz de entender o caráter ilícito do fato ou de determinar-se de acordo com esse entendimento.*

1.3. A escola positivista e a criminologia como ciência

De acordo com Ferri, os clássicos haviam lutado contra a irracionalidade do sistema penal anterior e a favor de uma adequação da pena. Já ao positivismo, caberia lutar contra o crime através do conhecimento das suas causas para, numa vertente científica, contribuir para a proteção da nova ordem social, nascida das emergentes sociedades burguesas (García-Pablos, 1988).

O positivismo criminológico viria a romper com uma série de aspectos, causando polêmica e mantendo aceso um prolongado debate sobre diversas vertentes expostas de forma muito clara:

a) Primeiramente, pela oposição à Escola Clássica, que preconizava o tratamento do crime através de um método abstrato, formal e dedutivo;

b) Depois, pelas diferentes posições dentro do próprio positivismo, em que alguns explicavam o crime por via de uma predisposição biológica, ao contrário de outros que optavam por uma vertente sociológica, enfatizando os fatores sociais (exógenos ou mesológicos) como componente predominante da origem do crime;

c) Finalmente, pelo debate que surgiu entre a Escola Positivista e outras que, estando afastadas da abordagem clássica, se encontravam igualmente distantes do próprio positivismo.

De acordo com a vertente positivista, as explicações dos fenômenos teriam um caráter causal e de associação entre diferentes ocorrências, seguindo o método emergente das ideias de Comte (Hikal, 2009), numa corrente de pensamento que foi aplicada de uma nova forma ao crime e a quem o teria cometido, sobretudo através dos iniciadores europeus da Criminologia: Lombroso, Ferri e Garofalo. Cada um desses autores trouxe o seu contributo, variando desde a origem antropológica de Lombroso à vertente sociológica de Ferri e à abordagem psicológica de Garofalo (Hikal, 2010b). Assim, o trabalho desenvolvido por Lombroso foi complementado com os contributos, tanto de Ferri, quanto de Garofalo.

A contribuição de Ferri para o desenvolvimento da Criminologia foi altamente relevante. O teórico foi um dos que melhor expôs e explorou as particularidades do método positivista, explicando que o delito apenas seria alvo de uma análise séria, se houvesse o cuidado de medir e de quantificar o fenómeno. Sob este ponto de vista, deveria ser assumida uma posição neutra e objetiva, sendo necessário atender às leis reguladoras da ocorrência social a serem examinadas. Partindo da negação do livre-arbítrio, Ferri referiu que o ser humano responde face à sociedade na qual se integra, e as suas ações criminosas decorrem de uma anomalia, não apenas biológica, mas também física e social. Desta forma, enfatizou os fatores sociais implicados no delito, considerando que a eles se devia a criminalidade, sendo também esses os fatores mais acessíveis ao legislador, que poderia alterá-los e corrigi-los (García-Pablos, 1988).

O que Ferri propôs foi uma abordagem "mais profissional" ao criminoso, avançando com novas definições ao nível das funções do Direito Penal. Contudo, como qualquer teoria, o novo sistema proposto por Ferri foi alvo de críticas, sob o argumento de que seria impraticável, já que os juízes não tinham formação em Psicologia, e o Estado não possuía meios para manter todos os técnicos da área social que, logicamente, seriam necessários para aplicar um tal sistema (Swaaningen, 1997). Porém, Ferri foi mais longe. Procurando uma nova etiologia para o crime, propôs uma classificação para os criminosos e uma teoria de prevenção criminal. Sob a sua perspectiva, as sociedades proteger-se-iam do criminoso, não pela sua responsabilização, mas pela aplicação rigorosa de "medidas eliminatórias, preventivas ou terapêuticas", em que a reação social ao crime e ao criminoso seria justificada, não porque o ofensor gozasse de livre arbítrio, mas por se tratar ele de um indivíduo perigoso (Cusson, 2005).

Garofalo, outro dos grandes nomes europeus implicados na emergência da Criminologia, referiu que o verdadeiro delinquente seria aquele em que se constataria a ausência de sentimentos de piedade e/ou de probidade. A sua visão afasta-se tanto da vertente antropológica de Lombroso, como da sociológica de Ferri (García-Pablos, 1988), centrando-se na anomalia psíquica e moral do criminoso e tecendo considerações sobre a personalidade do delinquente (Galvão, 2007). Na verdade, Garofalo orientou-se mais para aspectos de natureza moral e psicológica, alegando que o criminoso apresentava uma anomalia moral e psíquica, como se de uma espécie de "lesão ética" se tratasse. Essa "lesão" seria fonte e causa das ações delinquentes (Manita, 1997). Garofalo referiu a ideia de "crime natural", enquanto comportamento violador dos códigos morais básicos e, dessa forma, os fatores sociais passaram a ser secundários para a análise do crime e dos comportamentos criminosos (Alvarez, 2002).

Assim sendo, apesar das primeiras análises do criminoso serem essencialmente biológicas, como foi o caso de Lavater que, relembre-se, procurou estudar os pormenores faciais dos criminosos, tendo sido também o caso dos frenologistas que, como Gall e Spurzhein, acreditavam que a forma exterior do crânio determinava as áreas cerebrais mais ou menos desenvolvidas e associadas a determinados comportamentos, a Criminologia acabou por atender a outros fatores, como os da personalidade e, também, os sociológicos (Siegel & McCornick, 2006). Apesar de ser alvo de críticas, o determinismo de Lombroso manteve a sua esfera de influência até meados do século XX. Nesta altura, Kretschmer já apontava a estrutura corporal como forma de identificar o comportamento humano, normal ou desviante, enquanto Exner, na década de 50 do século passado, já defendia a intitulada "Biologia Criminal", como disciplina que se dedicaria ao estudo do indivíduo e do respectivo contexto, atendendo às condições fisiológicas do criminoso, sem desconsiderar o meio ambiente. Resten, em 1959, defendia que a "Caracterologia" deveria ser um ponto crucial de análise para determinar a responsabilidade do indivíduo sobre o crime cometido, através da procura de fatores biológicos observáveis e condicionantes dos comportamentos (Queirós, 1997).

Tão marcante foi a influência da perspectiva biológica exacerbadamente positivista, que se entendia que, a partir da ideia de Lombroso a respeito do criminoso nato como ser biologicamente predeterminado, a estrutura biológica do indivíduo provocaria o efeito de o envolver em atividades moralmente reprováveis, socialmente censuráveis e legalmente puníveis (Machado, 2005). Ainda na corrente centrada nos traços biológicos detectáveis como tradutores das tendências do indivíduo para a prática de crimes, enquadrava-se a Escola Biotipológica, que procurava a existência de uma associação entre o tipo biológico do sujeito e a sua atividade delinquente. Nessa leitura, Sheldon apontava para a correlação ao nível do tipo corporal, enquanto Pende procurava essa correlação no tipo endócrino do sujeito (Agra & Matos, 1997). Assim, foram sendo procuradas as causas que estariam na origem da concretização de crimes e as características que tipificariam aqueles que os cometessem.

1.4. Conduta antissocial, delinquência e crime

Comportamento antissocial, delinquência e crime são referidos muitas vezes de forma praticamente indistinta, havendo dificuldade em defini-los concreta e universalmente. Por isso, este ponto procura explorar as diferentes definições para cada um dos termos, evidenciando a sua utilização frequentemente confusa.

O termo antissocial apenas muito recentemente passou a fazer parte do vocabulário do cidadão comum, que atualmente ainda continua a designar o transgressor como "criminoso" ou "degenerado". A palavra *antissocial* surgiu, tendo em vista o alcance de uma maior precisão científica. Da mesma forma, o termo *desviante* também é relativamente recente no vocabulário da Psicologia, tendo sido claramente importado da Sociologia da década de 60 do século XX, época fecunda em textos marcantes sobre o tema. Na Psicologia, a palavra *delinquência* surgiu como um conceito geralmente associado aos mais jovens, particularmente aos adolescentes, apresentando uma conotação muito ligada às noções de criminalidade e de conduta antissocial. Por isso, alguns autores têm optado por aludir a termos como *desvio social* ou *desvio juvenil*, para designar a delinquência.[2] No entanto, mantém-se a tendência para associar entre si as noções de desviância, marginalidade, comportamento antissocial e delinquência (Gonçalves, 2008).

Como se pode ver pelo que acaba de ser referido, diversos vocábulos têm sido utilizados para a definição de comportamento antissocial, ao qual se têm atribuído designações como crime, delinquência ou perturbação comportamental. Pode dizer-se que se mantém uma certa ambiguidade na literatura, até porque os comportamentos antissociais congregam uma gama muito diversa de atividades, entre as quais se encontram o furto, a agressão e outras condutas associadas ao desrespeito e à violação das normas e/ou expectativas sociais ou legais. Além disso, diversas interpretações do fenômeno enfatizam diferentes fatores considerados como definidores desses conceitos.

No caso da definição psiquiátrica, o comportamento antissocial é apresentado sob o ponto de vista da perturbação comportamental, enquanto no prisma legal, a definição de delinquência se prende com a prática de ações das quais resultam contatos oficiais com os tribunais (Negreiros, 2001).

Pode afirmar-se que, numa escala gradativa, os comportamentos marginais se encontram antecedentemente aos desviantes. Porém, é frequente que a marginalidade de certas condutas não passe de uma tentativa de originalidade, em que o indivíduo pretende apenas se destacar claramente do seu grupo de pertença, ensaiando a adesão a um outro grupo. Estes casos não são raros, nomeadamente na adolescência, e relacionam-se essencialmente com essa fase de desenvolvimento e de estruturação da personalidade. São comportamentos que, sendo desviantes, são geralmente integrados em movimentos de contracultura que não se associam à conduta antissocial propriamente dita (Gonçalves, 2008).

---

[2] A propósito, ver Trindade, J. *Delinqüência Juvenil*: compêndio transdisciplinar. 3ª ed. Porto Alegre: Livraria do Advogado, 2002.

Efetivamente, apenas quando as manifestações de marginalidade adquirem contornos sistemáticos e organizados, podem ser consideradas como pertencentes a um domínio que seja alvo de crítica e de censura por parte do corpo social. Aí já se enquadram condutas como o consumo problemático de álcool e de drogas ilícitas, bem como outros comportamentos considerados arriscados, como a participação em desordens, desacatos e agressões. Fala-se, aqui, do tipo de conduta que se situa nas fronteiras limítrofes da tolerância social, com risco de identificação e de sinalização por meio dos mecanismos de controle social, tanto os de natureza institucional e oficial, como os dos cidadãos em abstrato, que comecem a sentir o incômodo por tais manifestações comportamentais. Quando essas condutas são alvo de observação por parte dos profissionais das instituições de controle social, havendo um diagnóstico seguido da constituição de um processo, então pode-se falar de um comportamento patológico. Nesses casos, e não em todas as situações de comportamento desviante, as condutas do indivíduo passam a ser identificadas em função de pontos referenciais de ordem jurídica, científica, ideológica ou política (Gonçalves, 2008).

Evidentemente, a dificuldade em definir crime, de forma concreta e universal, está longe de ser uma questão recente, remontando aos primórdios da Criminologia como, aliás, já foi referido. Essa dificuldade é, por isso, uma antiga questão a respeito da qual os próprios fundadores da disciplina nunca chegaram a consenso. Morus já havia salientado a ligação do crime aos fatores socioeconômicos e à estrutura social, alegando que a prática criminosa apresentava estreita ligação com as guerras, os aspectos culturais e a educação deficitária. Referiu ainda a ociosidade, o ambiente social e, sobretudo, a pobreza e a desigual distribuição de riqueza, como elementos estreitamente ligados ao crime. Já Beccaria, também anteriormente referido, focalizou-se no sistema legislativo, criticando a obsolescência dos princípios fundadores de leis irracionais e cruéis, e defendendo a necessidade de prevenir o crime, bem como em uma visão utilitarista da pena baseada na ideia de contrato social. Alegava que uma pena inútil prejudicava a ideia de que a autoridade deve exercer-se sobre homens livres, e não sobre escravos. Em outra perspectiva utilitarista da lei, Benthan centrou-se na ideia de que o comportamento humano é balizado pela dor e pelo prazer, daí que a prevenção do crime deveria passar pela comprovação, por parte do potencial delinquente, de que o delito lhe proporcionaria consequências mais nefastas do que resultados benéficos (García-Pablos, 1988).

Já no século XIX, transitar-se-ia para a visão determinista de Lombroso, também já aqui apontada, cuja análise interpretativa passava por uma definição do crime como algo prévia e biologicamente definido no indivíduo. Tributou a afirmação de que as funções anímicas têm por base orgânica o cérebro, sendo no crânio que se encontram sinais externos e inequívocos dessas funções (García-Pablos, 1988).

Bem mais tarde, na década de 60 do século XX, alguns autores avançaram com a ideia de que o crime seria um fenômeno natural, relativizado em função do contexto histórico e cultural. Becker retirou o foco de análise da ação delituosa propriamente dita, centrando-se na forma como o ato delinquente era sancionado por outros, mediante a aplicação de regras e de leis sobre o ofensor. Assim, sob este ponto de vista, a ação desviante não o seria por si só, sendo, antes, devido à rotulação atribuída pelos demais (Machado, 2005).

Recentemente, pode-se ainda considerar uma leitura de caráter psiquiátrico, num registo do âmbito da Psicopatologia, presente no sistema classificativo do "Manual de Diagnóstico e Estatística das Perturbações Mentais", da *American Psychiatric Association* (2002), em que a perturbação antissocial da personalidade é caracterizada por um padrão de menosprezo e de violação dos direitos dos outros, cuja manifestação se inicia na infância ou na adolescência, prolongando-se na vida adulta. O diagnóstico exige uma idade mínima de dezoito anos para o indivíduo que apresente, pelo menos, três dos critérios apresentados no quadro 1.1 da página seguinte.

Quadro 1.1. Critérios de diagnóstico para a Perturbação Antissocial da Personalidade (adaptado de *American Psychiatric Association*, 2002)

Critérios de diagnóstico para Perturbação Antissocial da Personalidade
A. Padrão global de desrespeito e violação dos direitos dos outros desde os 15 anos, indicado por três (ou mais) dos seguintes:
1) Incapacidade para se conformarem com as normas sociais no que diz respeito a comportamentos, como é demonstrado pelas ações repetidas que são motivo de detenção;
2) Falsidade, como é demonstrado por mentiras e nomes falsos, ou por contrariar os outros para obter lucro ou prazer;
3) Impulsividade ou incapacidade para planear antecipadamente;
4) Irritabilidade e agressividade, como é demonstrado pelos repetidos conflitos e lutas físicas;
5) Desrespeito temerário pela própria segurança e pela dos outros;
6) Irresponsabilidade consistente, como é demonstrado pela incapacidade repetida para manter um emprego ou honrar obrigações financeiras;
7) Ausência de remorso, como é demonstrado pela racionalização com que reagem após terem magoado, maltratado ou roubado alguém.
B. A pessoa ter uma idade mínima de 18 anos.
C. Existe evidência de Perturbação do Comportamento antes dos 15 anos.
D. O comportamento antissocial não ocorre exclusivamente durante a evolução de Esquizofrenia ou de um Episódio Maníaco.

A respeito dos critérios de diagnóstico definidos pela *American Psychiatric Association*, Gonçalves (2008) refere o predomínio de parâmetros relacionados com um estilo de vida antissocial, em detrimento de critérios clínicos, o que tem levantado uma contínua polêmica. Aliás, a definição de conduta antissocial tem revelado pontos não consensuais e, por vezes, acaloradas discussões. De acordo com Beck e Freeman (1993), as investigações na área da Psicopatologia Antissocial partem do pressuposto de que existe uma perturbação sistemática e definível, que se diferencia da ação criminosa isolada. Contudo, o grau de importância a atribuir à criminalidade mantém aberta uma questão polêmica e longe de estar resolvida. Hare (1985) afirmou que a interpretação definida pelos critérios da *American Psychiatric Association* realça o comportamento delinquente ou criminoso, não atendendo aos traços de personalidade que possam estar subjacentes a essas perturbações. Assim, formulou uma revisão de vários trabalhos e apresentou uma lista de traços frequentemente associados aos indivíduos com perturbação antissocial. A lista inclui os vinte traços essenciais que se seguem (Hare, 1985):

a) Volubilidade/charme superficial;
b) Senso grandioso do próprio valor;
c) Necessidade de estimulação/propensão ao tédio;
d) Mentiras patológicas;
e) Enganador/Manipulador;
f) Falta de remorso ou culpa;
g) Afeto superficial;
h) Insensível/Falta de empatia;
i) Estilo de vida parasitário;
j) Fraco controle do comportamento;
k) Comportamento sexual promíscuo;
l) Problemas comportamentais precoces;
m) Falta de planos realistas a longo prazo;
n) Impulsividade;
o) Irresponsabilidade;
p) Falha em aceitar responsabilidades pelas próprias ações;
q) Muitas relações matrimoniais de curta duração;
r) Delinquência juvenil;
s) Revogação de liberdade condicional;
t) Versatilidade criminal.

A importância desta lista de indicadores ou traços definidores do criminoso, designadamente daquele que é portador de psicopatia, reflete-se nas investigações que se vão dedicando a analisá-la. Efetivamente, continuam a ser desenvolvidos estudos sobre as características que constam da *checklist* de Hare, no intuito de se referirem quatro dimensões definidoras da presença de psicopatia e relacionadas com os 20 traços da lista de Hare. Assim, os fatores presentes na *checklist* integrariam as dimensões: interpessoal, afetiva, estilo de vida e antissocial (Newmann, Hare & Newman, 2007).

Não obstante, Hare, Beck e Freeman (1993) afirmaram que, à semelhança da maioria das avaliações por traços, também neste caso se encontram descrições apropriadas, mas com uma nítida presença de mais julgamentos subjetivos do que os encontrados nos critérios estabelecidos pela *American Psychiatric Association*.

Começa, assim, a vislumbrar-se a dificuldade em definir claramente os conceitos de delinquência, de crime e de conduta antissocial, sendo também clara a dificuldade em distinguir objetivamente os que praticam crimes tendo uma perturbação, dos que o fazem não apresentando qualquer problema do foro mental. Na verdade, a definição de comportamento antissocial acarreta uma dificuldade acrescida que se prende à inexistência de uma ideia universalmente aceita, quer em termos científicos, quer ao nível jurídico.[3] Enquanto a Sociologia se refere a essas condutas como "violência juvenil", já em Psicopedagogia esses comportamentos são apelidados de "conduta antissocial". De qualquer forma, o que é inegável é que tais comportamentos, embora designados de diferentes maneiras, constituem um fenômeno que a todos afeta, indivíduos ou grupos, mesmo àqueles que são aparentemente meras testemunhas (Velaz de Medrano, 2002). Acrescente-se também a difícil determinação de se estar perante comportamento antissocial, com ou sem perturbação da personalidade. Esta última, é claro, deverá ser despistada através de um processo de criteriosa avaliação.

Uma definição muito abrangente é apresentada por Rijó e Sousa (2004), que definem o comportamento agressivo, desviante, socialmente desajustado ou mesmo antissocial, como algo que pode ser concebido como a consequência, a médio/longo termo, de um conjunto de aspectos interligados que se fazem sentir desde muito cedo, afetando globalmente o desenvolvimento do indivíduo. Já Strecht (2000) refere-se aos comportamentos antissociais ou marginais (não se constatando a diferenciação entre uns e outros) como formas de expressão de grande sofrimento psíquico e extremamente inquietantes. Acrescenta o autor,

---

[3] A respeito, ver TRINDADE, J. *Delinqüência Juvenil*: compêndio transdisciplinar. 3ª ed. Porto Alegre: Livraria do Advogado, 2002.

que o comportamento delinquente traduz um sentido e um objetivo, que persiste em causar inquietação e preocupação em todos nós. Muito pertinentemente, Strecht chama a atenção para a necessidade de se procurar compreender o conjunto de mecanismos internos subjacentes às condutas delinquentes, alegando que tais comportamentos parecem revelar um paradoxo, uma vez que traduzem uma relação com um particular sentido de justiça. Então, essas ações inserem-se numa organização psíquica específica, em que aquele que as pratica transporta consigo um profundo sentimento de injustiça.

Esta é uma abordagem consideravelmente diferente das anteriormente expostas, em que se focam os aspectos subjacentes ao comportamento e em que a conduta antissocial é também designada por comportamento marginal e por delinquência. Uma outra abordagem de comportamento antissocial acrescenta a possibilidade dessa conduta ser intencional, consciente e voluntária, conflituosa ou reativa em relação a uma situação específica e adversa. Trata-se da definição de Doron e Parot (2001) que refere a conduta antissocial como o comportamento que contraria e desafia a ordem social instituída, podendo ser consciente e voluntária, reativa a situações intoleráveis, conflitual com violação dos limites estabelecidos, e posta em prática por indivíduos com perturbação da personalidade. Nesta perspectiva, o significado de comportamento antissocial é variável, dependendo da função, da natureza e das propriedades do objeto ou da pessoa afetada.

Uma visão diferente, e bastante interessante, interpreta o delinquente como uma figura gerada pelo próprio aparelho penitenciário, ou como sendo um seu "irmão gêmeo". Essa interpretação apresenta o sistema penitenciário composto de todo um programa tecnológico que procede a uma substituição, ao receber um condenado que não é exatamente um infrator, na medida em que ele transporta variáveis que não foram consideradas na sentença judicial. Não obstante, o aparelho penitenciário coloca esse condenado na posição do infrator quando, na verdade, ele é um delinquente. Este último distingue-se do infrator por não ser a sua ação, mas antes a sua vida, aquilo que constitui a sua principal característica (Foucault, 1997). Assim, sob este ponto de vista, o infrator é avaliado pelo seu ato, opostamente ao delinquente, cuja análise deve ser contextualizada em termos biográficos. Isto porque o delinquente não se caracteriza apenas pela ação delituosa, mas também por uma história de vida marcada por um determinado estilo, muito específico. Poderá daqui depreender-se que o delinquente requer uma análise dos seus atos, contextualizada em termos de estilo e de história de vida.

Numa outra abordagem, Queirós (1998) teve o cuidado de apresentar uma distinção de conceitos proposta por Cooke, Baldwin e Howison, em que se diferenciam crime, agressão e violência. Esta última seria um ataque físico, enquanto a agressão, frequentemente usada como sinônimo de violência, seria antes de caráter mais global, abarcando o ataque físico, verbal ou apenas uma atitude de hostilidade. Já o crime seria a expressão extremada da agressão implicando, por parte de quem o praticasse, a perda de controle sobre si próprio.

De salientar, mais uma vez, a disparidade de interpretações a respeito de um fenômeno com diversas designações. Evidentemente, a delinquência é um tema de Direito, tal como o é da sociedade e dos homens em geral. Podem adotar-se diferentes perspectivas sobre o fenômeno que, para alguns, se enquadra no âmbito de uma carreira delinquente, ao contrário de outros, que o vêm como ocasional ou circunstancial. Segundo uma vertente psicossocial, as ações delinquentes não são mais do que manifestações comportamentais sociais, através das quais se estabelecem ligações entre seres humanos, sem que tais ligações sejam necessariamente estabelecidas no imediato. Sob este ponto de vista, distinguem-se os comportamentos *neutros*, os comportamentos *pró-sociais* e em concordância com as normas, os comportamentos *associais* que, podendo causar dano, não implicam a intenção de prejudicar, e os comportamentos *antissociais*, que traduzem uma intencionalidade de prejuízo. Os dois últimos comportamentos, os associais e os antissociais, pertencem ao grupo das condutas delinquentes, em função da avaliação de responsabilidade ao nível do Direito Penal. Numa perspectiva psicossocial, a ação delituosa é contrária à norma, legal e/ou social, e exibe uma evolução no espaço e no tempo. A avaliação do comportamento delinquente é variável consoante o grupo social, religioso, cultural, étnico ou tribal (Born, 2005).

Já numa perspectiva da Criminologia, o contexto social estabelece a gravidade da ação, sendo que do ponto de vista legal, essa gravidade é especificada em função da pena potencial. No entanto, sob a perspectiva da opinião pública, a classificação da gravidade do comportamento pode ser muito diferente. Numa outra interpretação, a desenvolvimental, o delito ocorre em determinado ponto da vida do sujeito e, para melhor o percebermos, seguindo uma linha de pensamento semelhante à apresentada anteriormente a propósito de Foucault (1997), deve atender-se a dois aspectos (Born, 2005):

a) A *macrogênese*, que se relaciona com a análise à vida do indivíduo antes de passar à ação delituosa, procurando compreender os mecanismos que, a longo prazo, terão contribuído para aquele comportamento;

b) A *microgênese*, que remete para o estudo dos mecanismos e dos acontecimentos periféricos ou próximos da conduta delinquente.

Quanto à perspectiva clínica, e ainda de acordo com o mesmo autor, trata-se de uma vertente que procura compreender o indivíduo na sua organização interior, a partir do estudo de casos dos quais se tentam extrair hipóteses gerais. É uma abordagem que integra fatores individuais e familiares, possibilitando o alcance de reflexões sobre possíveis componentes da personalidade do delinquente.

Como se pode verificar, existe uma multiplicidade de tentativas de definição de comportamento antissocial, muitas vezes designado por delinquência e por crime. Todas elas vão abordando aspectos igualmente válidos, provenientes de diversos pontos de vista, sem que contudo definam clara e universalmente aqueles conceitos. A respeito dessa dificuldade de definição, Otero (1994) apontou algumas das razões que contribuem para impossibilitar a formulação de uma definição universal e consensual:

a) Desde logo, pelo fato de se tratar de um problema social com uma multiplicidade de causas, correlatos e consequências;
b) Depois, pela existência de desiguais interpretações, provenientes de diversas áreas de estudo que se debruçam diferentemente sobre o mesmo tema;
c) A seguir, pela preocupação central dos investigadores, em trabalhar empiricamente a delinquência, sem a definirem previamente;
d) Posteriormente, pela relatividade do termo "delinquência", cuja definição adequada deve atender ao contexto social em que o comportamento é manifestado;
e) Em seguida, pela amplitude contida na própria palavra, que rotula condutas muito diferentes quanto à sua gravidade;
f) Por último, pela idade do indivíduo que pratica a ação e em função da qual se vai qualificar a mesma como delinquente ou não.

Assim, precisamente pelas dificuldades em encontrar uma definição consensual, alguns sociólogos referiram a necessidade de alargar o conceito de delinquência de forma a incluir condutas socialmente desviantes, que não têm necessariamente de ser passíveis de punição legal. Outros teóricos convergem para a ideia de que a delinquência deve perceber-se enquanto fenómeno social que carece de uma contextualização relativamente à comunidade e ao contexto em que ocorre (Otero, 1994).

Também o crime tem sido analisado das mais diversas formas, sendo interpretado como um fenómeno natural e inerente a determinadas ações que rompem com normativas ou com princípios universais, ou sendo percebido como resultante de um Código Penal imposto pela necessidade de preservar a ordem instituída e a coesão social. Contudo, para outros, a leitura do fenómeno passa pela ideia de desvio implícito na própria organização social, bem como na própria estrutura individual do sujeito. Outros, ainda, interpretam o crime como a resultante de um processo de rotulação e de construção social. Na verdade, diversas análises do fenómeno referem-no como uma construção social, alegando que, realmente, o crime nem sequer existe. Cada crime é diferenciado em termos psicológicos, sociais e jurídicos, considerando-se que determinada ação pode ser vista como a violação de uma norma de relevância ou como uma ação nefasta, reprovável em termos sociais e psicologicamente danosa, não sendo contudo, legalmente punível. Por outro lado, o comportamento pode ser legalmente definido como crime, não constituindo necessariamente um problema aos níveis moral e social. Esta diversidade de possibilidades complica a elaboração de uma definição precisa de crime (Manita, 1998).

É, aliás, essa mesma diversidade que, pela multiplicidade de possíveis análises à luz de diferentes disciplinas e em função de diversas interpretações e enquadramentos teóricos, determina não só a dificuldade de definição, como concorre para a variedade de designações usadas. À semelhança de outros autores já aqui referidos, também Kazdin e Buela-Casal (2001) consideram que as condutas antissociais incluem uma larga amplitude de ações, em cujo leque se podem encontrar agressões, furtos, vandalismo, piromania, mentira, absentismo escolar e fugas da casa. Tais condutas violam regras e expectativas sociais, podendo mesmo incluir ações contra o meio envolvente, a propriedade e as pessoas. Esses comportamentos têm sido designados de várias formas, como já aqui foi constatado, sendo também apelidados de condutas impulsivas, distúrbios da conduta e delinquência. É de salientar que, à medida que vamos avançando, vão surgindo cada vez mais vocábulos e expressões para designar o comportamento antissocial. Por isso, alguns autores têm optado por ampliar o leque de comportamentos a incluir nas designadas condutas antissociais. Estas últimas passariam a ser consideradas como todos os comportamentos que refletissem a infração a regras sociais e/ou legais, constituindo ações contra os demais.

Não obstante, Lagache, em 1950, fez uma proposta diferente, opondo-se à designação de comportamento antissocial ou associal para denominar o crime, e rejeitando também a ideia de carreira criminal em construção à margem do normativo. Explicou que tais designações não se revelavam adequadas, porque esses comportamentos implicariam a rejeição das normas pelas quais se regem quase todos os indivíduos. Acrescenta Lagache que, para além do que já foi referido, essas condutas implicariam também a aceitação e a conformação a outras normas e valores adotados por grupos desviantes. Então, o autor propôs as designações de comportamento *pseudossocial* ou *dissocial* (Manita, 1998).

Assim, e a respeito de tão grande variedade de interpretações e de definições, Lorber (2004) alertou para o fato de a literatura conter algumas confusões e contradições, em relação ao espectro do comportamento antissocial, enquanto Trindade (2002), fazendo uma digressão à mitologia grega, ser referiu à delinquência juvenil como um conceito proteico.[4] Após uma análise a noventa e cinco estudos sobre o tema, Lorber concluiu que essas ambiguidades presentes na literatura têm essencialmente duas origens: a) a heterogeneidade do conceito, b) e a heterogeneidade presente nos métodos utilizados nos diversos estudos. Acrescentou que o uso do termo *antissocial* conduz também a alguma confusão na sua definição, uma vez que nem todo o comportamento antissocial é necessariamente agressivo, e que a agressividade não é critério único para identificação da conduta antissocial.

Um aspecto não parece suscitar grandes dúvidas: fala-se, aqui, de um estilo comportamental de afastamento relativamente à norma instituída, com a qual se entra em ruptura, violando regras sociais e/ou legais.

1.5. Em busca de um conceito de delinquência juvenil: pela norma e para além da norma juridica[5]

Não é possível, pelo menos até o momento, partir de um conceito unitário, universalmente válido e aceito, de delinquência juvenil. As várias acepções e abordagens que se dão a esse fenômeno, de âmbito planetário e capaz de

---

[4] TRINDADE, J. *Delinqüência Juvenil*, op. cit., 2002.
[5] Capítulo referido em TRINDADE, J. *Delinqüência Juvenil*, op. cit., 2002.

uma dispersão multidisciplinar de critérios, antecipa-nos que estamos diante de um conceito proteico.

De fato, cada vez que nos aproximamos dele e julgamos tê-lo apreendido em seu conteúdo, percebemos que na realidade o perdemos.

A primeira constatação é, portanto, da impossibilidade de uma definição geral e unívoca. A segunda é que a ambiguidade da expressão nos coloca frente a várias dificuldades. A terceira, que conviver com essas dificuldades não é, necessariamente, uma limitação. Ao contrário, suportar as diferenças é uma das qualidades que deve ter quem pretende lidar com a delinquência juvenil.

Referindo-se ao conceito de inadaptação, Vega (1991) reconhece que o tema é tão difícil ou mais que a própria problemática, porque inadaptação é vida, e a vida é processo, movimento, mudança, algo impossível de colocar sobre um papel, pois neste exato momento deixa de ser vida para converter-se em algo morto.

Moreno Izquierdo (1980), por exemplo, entende a delinquência juvenil como um fenômeno específico e agudo de desvio e inadaptação, mas admite que é diversa a visão que têm o jurista, o psicólogo, o educador e o homem da rua.

Para o jurista, delinquente é todo aquele que infringe qualquer das leis sancionadas pelo código. Trata-se da aplicação de uma normativa vinculada a uma conduta considerada contra a lei.

Para o psicólogo, o comportamento delinquencial obedece a uma série de causas, a uma constelação ou feixe de fatores etiológicos. Uns serão predisponentes e outros desencadeantes propriamente da conduta delinquencial.

Para o educador, o delinquente é o resultado de uma série de condicionamentos que o sujeito encontrou sem buscar; é um enfermo da conduta com direito a tratamento e sem outros limites que os impostos pela impotência humana.

Já o homem da rua oscila, desde o que crê na solução pela via da repressão, até aquela que diz ser questão de oferecer um ambiente de tolerância e cuidados sentimentais.

O sociólogo, acrescenta mais adiante, à exceção dos casos patológicos, tem que conceder maior importância aos fatores ambientais, pois com alguma frequência, não só o menor é inadaptado, mas também o meio em que ele vive.

Na realidade, existem quatro tipos de jovens que vivem consciente e sistematicamente em ruptura com a sociedade, mostrando-se incapazes de entrar ordenadamente na marcha da comunidade e desempenhar seu papel na vida:

- inadaptados sociais;
- associais;
- pré-delinquentes e
- delinquentes.

a) *Inadaptados sociais*, como o próprio nome indica, são aqueles incapazes de adaptação ao meio social, que não dirigem seu comportamento de modo a respeitar as normas de convivência social, por não terem se identificado e socializado, substituindo normas e valores por regras próprias, manifestamente contra o estabelecido nas leis.

b) *Associais* são os que, devido a sua estrutura, perturbam e danificam os interesses da comunidade como tal e de seus membros, de vez que não podem ou não querem se subordinar à ordenação imposta pela sociedade.

c) *Pré-delinquentes* são indivíduos que, não tendo todavia chegado a uma idade que costuma coincidir com a maioridade penal, não cometeram ainda um delito, mas podem ser considerados antissociais, e provavelmente se converterão em delinquentes declarados, caso não submetidos a um tratamento preventivo, pois suas ações estariam no limite da delinquência.

d) *Delinquentes* são sujeitos que estão numa situação de franca ruptura com o jurídico, tendo já engrenado na esfera do confronto com as normas legais em vigor.

As dificuldades com que se depara Moreno Izquierdo para dar conta de sua classificação, a ponto de recorrer a sucessivas tautologias, mostram o terreno movediço das definições em matéria de delinquência juvenil.

Sabater Tomás (1967), por seu turno, considera que dois são os critérios que devem ser considerados na concepção jurídica de delinquência juvenil: a comissão de um ato delitivo e a menoridade do sujeito.

Para determinar o que seja uma conduta delitiva, refere que existem três doutrinas fundamentais. A primeira, de um ponto de vista rigorosamente restritivo, considera delito somente a manifestação ou a conduta que corresponde à descrição objetiva das leis penais.

A segunda, mais ampla, estima que a delinquência juvenil não pode ser definida em termos exclusivamente jurídicos, mas deve incluir tanto as condutas tipificadas nas leis penais quanto os comportamentos anormais, irregulares ou indesejáveis.

A terceira, concebida em termos ainda mais amplos, considera que a delinquência deve ser interpretada no sentido de abarcar não só as condutas consideradas delituosas e os comportamentos irregulares, mas todos os sujeitos cujas circunstâncias ou condutas requerem medidas de cuidado, proteção ou reeducação, por negligência dos pais ou da sociedade.

Quanto à menoridade do agente, o critério limite de idade vem evoluindo desde a Lei das XII Tábuas (499 a.C.), sendo que o paradigma cronológico praticamente domina todas as legislações modernas.

De uma maneira muito lacônica, entretanto, alguns tratadistas persistem na ideia de que a delinquência juvenil *é o que a lei diz que é*, esquecendo que a lei somente dita os tipos penais e marca cronologicamente a maioridade penal, não cabendo ao legislador tecer definições acerca dos elementos constitutivos dessa emaranhada entidade que se desenvolve em seu derredor.

Ademais, esses critérios são mutáveis. Variam de lugar para lugar, assim como de tempos em tempos. Tanto a tipologia dos atos descritos quanto a condição etária do sujeito são passíveis de sofrer diferenças de legislação para legislação.[6]

O problema torna-se ainda mais complexo quando se constata, por paradoxal que possa parecer, que uma carreira criminal muito raramente inicia numa idade avançada (Friendlander, 1972).

O fator idade fica, dessarte, intimamente relacionado ao que originariamente se resumia em torno do discernimento.

Do ponto de vista cognitivo, basta dizer que o ser humano adulto, em situação normal de desenvolvimento, é aquele que reúne condições maturativas de querer, entender e comportar-se de acordo com esse entendimento, percebendo a si, as coisas e o mundo que o cerca, com a objetividade que marca o ingresso no estágio de funcionamento regido pelo princípio secundário, graças ao qual é capaz de selecionar seus impulsos e postergar a satisfação de seus desejos para momentos e circunstâncias compatíveis com as normas sociais e jurídicas.

Como a criança e o adolescente recebem com emoção toda a experiência que lhes chega, que é sempre nova em suas vidas, e porque não conseguem fazer a mediação entre o impulso e o mundo externo, passando logo para a instância da ação, eles têm diminuída sua capacidade de *ser e estar* no mundo, o que explica sua inimputabilidade genérica frente à lei.

Ademais, falta-lhes experiência, requisito importante para que se agreguem os fatos às respectivas consequências, razão pela qual estão impedidos de serem culpáveis. De fato, a idade constitui o primeiro pressuposto da imputabilidade e é artificialmente estabelecida com base no critério biológico puro que, por sua objetividade, confere maior segurança jurídica e, vencida a questão psicológica, evita indagar, caso a caso, o grau de discernimento. Avaliar a condição subjetiva do discernimento, continua, até os dias de hoje, tarefa de difícil auferimento, face às inúmeras dificuldades de ser adequadamente mensurado e compu-

---

[6] Compare-se, a título de exemplo, as diferenças (e semelhanças) entre o Estatuto da Criança e do Adolescente (Lei n. 8.069/90, Brasil) e a Lei Tutelar Educativa Portuguesa (Lei n. 166/99).

tado, mesmo com uso dos mais modernos instrumentos oferecidos pela psicologia.

Entretanto, não é só a questão do discernimento e da completude do desenvolvimento biopsicossocial que está em cena.

Uma das questões subjacentes, desde cedo percebida, consiste na concepção de que o elemento etário desempenha papel importante na capacidade de compreensão e de discernimento dos atos humanos.

A outra questão subterrânea é a diferenciação entre uma delinquência ampla, que abrange todas as condutas desviadas, tanto as tipificadas nas leis penais quanto as simples atitudes antissociais, e uma delinquência estrita, limitada às condutas que cumprem exclusivamente os requisitos de um código. Como se não bastasse, a par da ideia de que a delinquência juvenil é o que a lei diz que ela é (Rubin, citado por Ajuriaguerra, 1986), embora saibamos que a lei muda tanto no tempo quanto no espaço, fala-se também de uma delinquência oficial, aquela que é manifesta e conhecida, porque é detectada e às vezes revelada, e de uma delinquência mascarada, igualmente real, mas não manifesta, e somente neste sentido latente, na medida em que não chega ao conhecimento dos órgãos formais de controle (Leblanc, 1977, Dickes e Hausman, 1983).

Nesse aspecto, são muitas as discrepâncias, o que tem levado alguns autores a referir a existência de "cifras obscuras" da delinquência (Peyrefitte, 1979), pois a criminalidade legal seria apenas a ponta visível de um *iceberg*, mantendo oculta uma realidade bem mais vasta destituída de visibilidade.

Definir delinquência juvenil resulta, portanto, difícil, posto que alguns teóricos incluem nesse conceito não só comportamentos delitivos, senão condutas irregulares e anômicas, como, por exemplo, a indisciplina, as fugas do domicílio familiar, o consumo de drogas, os transtornos afetivos e os fenômenos de inadaptação, que tendem a se confundir, apesar da possibilidade de um menor ser inadaptado sem, todavia, ser delinquente.

Já o II Congresso das Nações Unidas sobre Prevenção do Delito, realizado em Londres (1960), recomendava que o conceito de delinquência de menores se limitasse, no possível, às infrações das leis penais.

A questão é tão complexa que autores como Leblanc, Frechette, Biron e Lagier, do Groupe de Recherche sur L'Inadaptacion Juvénile (1981), apontaram para a delinquência juvenil como um comportamento normal durante a adolescência, que estava presente em cada jovem, de modo a não se poder falar de uma verdadeira *fase de delinquência*. Uma delinquência *benigna*, que desaparece com o desenvolvimento do indivíduo. No mesmo sentido, é a classificação referida por Frèchette e Le Balnc (1987), Moffit (1993) e Moffit e Caspi (2002) ao diferenciarem entre delinquência limitada à adolescência (*adolescence limited delinquency*) e delinquência de carreira (*life-course-persistent delinquency*), talvez a mais importante das teorias modernas sobre o assunto. Em sentido parecido, Blos (1973) refere que o comportamento delinquente pode corresponder a um estilo adaptativo em que as manifestações ansiosas são externalizadas em *acting*, enquanto Amaral Dias e Vicente Nunes (1984) perceberam que algumas perturbações, como o furto ou a fuga, por exemplo, podem ser apenas forma de inadaptações momentâneas inseridas no quadro de uma crise do desenvolvimento do adolescente.

A tudo se acrescenta a ideia de que a criminalidade em geral não participa apenas como objeto do direito penal, mas também faz parte da nossa vida cotidiana.

Como assinalou Ajuriaguerra (1986), é impossível compreender o problema da delinquência atual sem levar em conta os fatores sociais, o ambiente familiar e a organização própria da personalidade do sujeito.

Bakwin e Bakwin (1974) consideram delinquência juvenil não só a violação de uma lei ou de um regulamento, mas também a conduta que lese profundamente os direitos de outras pessoas ou ameace o bem-estar do próprio agente ou da comunidade.

Nesse contexto mais amplo, autores considerados progressistas trabalham pelo prisma da conduta desviada, ótica sob a qual se agrupam fenômenos muito diversos entre si. Referem-se ao processo de desvio como comportamentos que, fora de uma precisão de caráter penal, são considerados pelo ordenamento jurídico, tais como a toxicodependência, a prostituição, a vadiagem, entre outros fenômenos, alguns tomados como causa, outros como efeito da delinquência.

Middendorff (1964), a par de sua convicção de que é melhor prevenir do que sancionar (prevenção primária, secundária e terciária), entende por delinquência juvenil a conduta dos jovens desaprovada pela comunidade e determinante de uma intervenção do Estado, com observância dos limites de idade vigentes e dos preceitos relativos à responsabilidade penal.

Franckini e Francesco, citados em *Criminalidade e violência* (Grupos de trabalhos, Ministério da Justiça, 1981), consideram delinquente juvenil a pessoa em idade evolutiva, de conduta antissocial, a quem devem ser aplicados os meios mais adequados a sua recuperação e à defesa da sociedade.

Gonzalez e Gonzalez (1982), por exemplo, vai dizer que a concepção penalista de definir o delito como uma conduta sancionada pelo legislador com uma pena, e considerar o delinquente como aquele que vai contra a lei, é insuficiente para abranger, em suas verdadeiras dimensões, o conceito de delinquência juvenil. É necessário compreender o fato concreto, mas também aquela atitude específica de fundo, ou seja, a disposição manifesta ou latente de violar a lei.

Barbero Santos, mencionado pela *Revista Justitia* (1982), classificava como delinquente o menor de idade penal que tivesse realizado um fato que, se cometido por um maior de idade penal, seria considerado delitivo, embora não deixasse de atribuir relevância ao que denomina associalidade, por reclamarem esses uma ação com finalidade protetora. A estes, no entanto, não considera delinquentes no sentido estreito do termo.

Também é interessante a classificação trazida por Rocío Cantarero (1988, p. 32), citando Bandini e Gatti (1979, p. 7), de acordo com o grau e intensidade do fenômeno desviado: indivíduos que cometem um ato considerado desviado; indivíduos que vêm definitivamente etiquetados como desviados; indivíduos que infringem as normas jurídicas; indivíduos que infringem as normas jurídicas e vêm etiquetados como delinquentes.

Essa classificação deixa transparecer as dificuldades de uma conceituação clara e precisa aplicável à delinquência juvenil, por mais abrangentes que sejam as tentativas de englobamento das suas diversas possibilidades.

Segundo Rutter e Giller (1988), sobre a delinquência juvenil há muito por aprender. Talvez, acrescente-se, quase tudo.

Ponto sobre o qual parece não haver divergência entre os autores é que o fenômeno da delinquência juvenil, como conhecimento, integra mais de uma ciência, e, como fato, vem crescendo de importância em todos os países, principalmente nos em desenvolvimento.

Como bem se vê, não há um discurso ou saber universal sobre a delinquência juvenil, sempre definida por critérios que variam ao modo de um mito eterno, falando-se dele sempre com especial espanto.

Utilizando abordagem feita por Amaral Dias (1980), a partir do pensamento de Nowlis (1975) em relação à toxicodependência, podemos constatar que também existem quatro pontos de vista básicos para perceber a delinquência e seus três componentes correlatos (o fato, o sujeito e o contexto): o jurídico, o médico, o psicossocial e o sociocultural.

O enfoque jurídico considera o fato tipificado nas leis penais. Seu principal objetivo é evitar a conduta descrita no preceito normativo, que vem sempre acompanhado de uma sanção a ser aplicada pelo poder competente. A medida coercitiva (heterônoma) é a tônica do processo, e a educação se faz pelo medo que a sanção impõe.

No modelo médico, o sujeito e o contexto são vistos como uma transposição do esquema das patologias em geral. Esse ponto de vista apregoa o tratamento e a cura como se o problema fosse exclusivamente de ordem médica. O objetivo dos programas de saúde está em atender o indivíduo enquanto portador de uma entidade mórbida.

Sob o ponto de vista psicossocial, o fato e o sujeito são considerados como integrantes de um intercâmbio complexo que persistirá enquanto desempenhar uma função para o indivíduo e para a sociedade. O entorno é concebido como influenciando o agente, tanto pela perspectiva de seus conflitos internos quanto pelo universo social, fatores que se correlacionam em múltiplas implicações recíprocas.

O paradigma sociocultural atribui especial importância à definição dos significados que a sociedade confere a uma determinada conduta, de acordo com a maneira com que ela se inscreve na cultura. A delinquência é sentida como um comportamento desviante, que varia de cultura para cultura. Acentua as condições do sujeito e seu registro histórico em todos os fatores que têm importância para seu agir, numa perspectiva mais ampla, mais sensível e mais flexível, num espectro que vai desde o *habitat*, a família, a escola, o grupo de iguais, o trabalho, até a recessão econômica mundial, pois a inadaptação é um conceito de vida, que não pode ser enclausurado por itens. Isso não impede que o trabalho de investigação aporte suas aproximações, pois, no mundo da cultura, as verdades são sempre verdades aproximativas.

Sublinhamos o modelo educativo, no qual *fato, sujeito e contexto* formam uma unidade interpretativa, cuja exegese se faz em nome do sujeito, e a resposta, tal como reza o princípio VII da Declaração dos Direitos da Criança, é uma atuação que favorece a cultura e permite, em condições de igualdade de oportunidades, desenvolver aptidões e entendimento individual, compreender o sentido de responsabilidade moral e social e formar um membro transformador da relação contexto-sociedade.

A delinquência juvenil, portanto, é fato, sujeito e contexto. Como antes demonstramos, muitos autores reconhecem a limitação de operar num conceito mais estreito e afirmam que o problema da delinquência juvenil não se resume aos comportamentos tipificados nas leis penais de um país. Por isso, formulam uma concepção mais ampla, em que se requisitam as condutas abarcadas pelas regras sociais em geral, mesmo que não evoluam para a delinquência no sentido estrito.

A esses, com mais razão, podemos dizer da incerteza em reconhecer e identificar as condutas consideradas delinquenciais. Menos definidas, mais difusamente estabelecidas, mudam muito rapidamente, na medida em que a dinâmica social exige. A propósito, é interessante notar que existem condutas que somente são consideradas delitivas devido à idade de seu agente. Essas condutas vêm sendo ressaltadas pela literatura com a denominação de delitos de *status*, também conhecidos como delitos de idade ou de situação.

Mesmo as condutas revestidas de maior gravidade são, as vezes, meros atos dirigidos contra si mesmos, contra a família e a sociedade, ou contra seus representantes simbólicos. Manifestações de pulsões primariamente autodestrutivas são resultantes de conflitos internos onde *Eros* e *Thanatos* se digladiam em função do crescimento, para, afinal, prevalecer a vida.

A consequência é atribuir a esses comportamentos importância secundária e priorizar as condições de vida da criança e do adolescente envolvidos numa situação de vivência fora da norma, para emitir um juízo valorativo, não de natureza condenatório-penal, mas de valência interdisciplinar, sem o que qualquer desejo tutelar redundaria em aberrante falácia.

Não há dúvida de que a ideologia protetora e assistencialista, num dado momento da evolução do pensamento jurídico, levou a um verdadeiro paradoxo na medida em que privou os menores das garantias constitucionais frente ao *ius puniendi* do Estado, sem que esta perda fosse compensada por uma melhoria da qualidade assistencial que recebiam.

Impende acrescentar o quanto se há debatido acerca da questão da impropriedade terminológica das expressões *delinquência juvenil, menor delinquente*, ou simplesmente *menor*, ainda usadas correntemente não só em linguagem coloquial mas também entre especialistas.

A verdade é que todos esses termos se acham impregnados de sentido pejorativo – carga semiótica agregada – e revestidos de atitude punitiva, às vezes até com conotação vingativa.

Embora seja ledo engano pensar que extinguindo a nomenclatura ou classificação desapareçam os problemas, é fundamental chamar a atenção para o fato de que a expressão *delinquência juvenil*, ao que se sabe, foi empregada pela primeira vez na Inglaterra, em 1815, e desde então, como demonstramos, passou a receber significados que variam no tempo e no espaço, devendo, no entanto, ser tecnicamente reservada a práticas que guardem relação com a generalidade dos fatos que pertencem ao âmbito das leis penais, revestidos de tipicidade e antijuridicidade, cuja realização, por parte de sujeitos de idade penal, induziria a sanções penais.

Com efeito, a questão da delinquência e do delito está a reclamar dos sujeitos das condutas tipificadas na comunidade penal a qualidade de que sejam juridicamente capazes, *conditio sine qua non* da culpabilidade. Mais: que submetidos ao devido processo legal, norteado pelo princípio do contraditório, resultem finalmente julgados e sentenciados de modo definitiva.

Portanto: só pode haver *delinquente*, no sentido do direito penal, frente a um delito, para o que se exige a implementação de alguns requisitos fundamentais, entre os quais se encontra não só a conduta objetiva, mas também as condições subjetivas de imputabilidade e punibilidade.

Por isso, a legislação brasileira relativa à criança e ao adolescente consolida-se não mais em um *código*, mas em um *estatuto* especial de proteção e medidas socioeducativas, em que não há penas a serem impostas, nem quando a conduta praticada, por subjacência implícita descritiva, coincide com figura tipificada no Código Penal, porque esbarraria na inimputabilidade. Por isso, a adoção de medidas específicas de proteção, ou socioeducativas, institutos que se levantam inclusivamente contra o direito de punir do Estado.

Dentro desse contexto, o regramento estatutário está mais próximo do pensamento de Dorado Montero sobre o fim do direito penal e sua substituição pelo direito reeducador.

Ao delito reserva-se, pois, a condição de epifenômeno tipificado legalmente numa conduta que vai ter sua explicação e compreensão no modo do sujeito, penalmente responsável, *ser* e *estar* no mundo, nomeadamente do *homem-no-mundo-do-delito*. Não temos dúvida, por exemplo, de que elementos psicológicos se encontram nas entranhas do direito, porquanto penetram na essência de toda conduta humana, normal ou patológica.

Pelo prisma legal, a delinquência implica comportamentos que transgridem as leis. Entretanto, como nem todas as crianças ou nem todos os adolescentes transgridem as leis, o termo ficou tecnicamente restrito aos menores infratores, embora a expressão *delinquência juvenil* seja apontada como inadequada face à terminologia empregada pelo Estatuto da Criança e do Adolescente.

Então, definimos:

a) *Conduta infracional* é aquela que atinge bens juridicamente garantidos, previamente definidos nas leis penais, de acordo com os princípios da anterioridade e da legalidade. Face aos perigos que engendram hipóteses não anteriormente discriminadas, reconhecemos a importância de adotar o conceito restritivo de delinquência juvenil, consoante recomendado por alguns organismos internacionais, para nós compatível com a definição de conduta infracional.

As descrições das leis penais servem, indiretamente, como pautas acessórias à configuração das condutas infracionais. Desse modo, podemos operar com maior segurança jurídica, ao mesmo tempo em que se asseguram as garantias individuais.

Por se tratar de uma disciplina recente, de valências multivariadas e já em constante evolução, como antes sublinhamos, ainda não constituiu um ramo de conhecimento autônomo e independente.

Entre nós, interessa particularmente, no plano normativo, ao Estatuto da Criança e do Adolescente, e, no campo etiológico, à Criminologia. A resposta jurídica são as medidas socioeducativas.

b) *Condutas antissociais*: reconhecendo que as condutas das crianças e dos adolescentes transcendem em muito as previsões das normas jurídicas e que há uma gama infinita de comportamentos que transgridem as normas de convivência, causando danos a valores socialmente estabelecidos, os quais, todavia, não chegam a merecer uma inscrição jurídica, esses comportamento se inscrevem no elenco das denominadas *condutas antissociais*.

Por fim, é importante sublinhar que, tanto a conduta infracional, quanto a conduta antissocial apresentam um desvio em relação à norma. Nesse sentido, ambas são consideradas *condutas desviadas*.

No seu conjunto, estão relacionadas à norma e compartem seu objeto com a psicologia, como ciência geral do comportamento humano.

Em resumo: existem duas categorias distintas de conduta desviada, a saber:

b.1) *Desvio em relação à norma jurídica*. Condutas que constituem fatos tipificados pela ordem normativa no substrato descritivo das leis penais, e que seriam consideradas delito, se praticadas por um indivíduo de idade penal;

b.2) *Desvio em relação à norma social*. Condutas que, não chegando a receber o registro da ordem normativo-penal, revelam-se, porém, em desacordo com regras ou valores da sociedade. Possuem significado degenerativo para o grupo ou para a vida de seus próprios atores.

Tais categorias podem ser organizadas do seguinte modo:

b.3) *Conduta antissocial*. Relativa à generalidade dos comportamentos transgressores lesivos a bens socialmente valiosos. Ocorrem em maior quantidade, porém possuem menor grau de lesividade. Interessam predominantemente à sociologia.

b.4) *Conduta infracional*. Relativa à especificidade dos atos descritos na ordem jurídica pelas leis penais. Ocorrem em menor quantidade, porém possuem expressão de maior gravidade.

De qualquer modo, a definição de um adolescente infrator como delinquente é uma consequência de sua marginalização e de sua inadaptação social.

Ademais, quanto maior for a ordem de marginalização, tanto maior é o controle institucional secundário que se estabelece. Essa situação vem motivada pela precariedade da qualidade de vida dos menores e de suas famílias, excluindo quase toda a possibilidade de integração posterior, e instaurando uma reprodução social da pobreza, de modo que o efeito conseguido pela intervenção das instituições e mecanismos legais que historicamente têm regulado o ordenamento jurídico dos infratores tem sido do controle social e moral da pobreza.

As considerações que até aqui desenvolvemos mostram que tanto o modelo de proteção (*welfare model*) quanto o modelo de justiça (*justice model*) apresentam aspectos positivos e negativos, dos quais podemos retirar, na marcha de uma superação dialética entre abolicionismo e repressão, as seguintes ideias nucleares:

1ª. A delinquência juvenil, como já referimos, não é um conceito psicopatológico, mas jurídico. Nasce da situação do menor frente à lei. Embora muitos mereçam o qualificativo de psiquicamente anômalos, face à conflitualidade íntima que motiva a conduta, a delinquência decorre da transgressão da norma codificada, a qual pode mudar por razões históricas e sociais, vale dizer, socioculturais. O delito, portanto, não é o único fator em questão, nem o mais importante.

2ª. O menor (criança e adolescente) é um cidadão. Como tal, é sujeito de direitos. Recebe por direito, e não por caridade. Como pessoa em desenvolvimento, por certo, possui limitações em função da idade, que demonstram a necessidade de uma especial atenção das instituições e do Estado. Não pode ficar excluído das garantias procedimentais da aplicação do direito, como por exemplo do princípio do contraditório.

3ª. A ideologia protetora pode mascarar a privação das garantias e dos direitos reconhecidos para todos, deixando aberta a porta para abusos importantes sob o pretexto de que são de interesse da criança.

Nesse aspecto, reconhecemos que o discurso abolicionista pode esconder uma manipulação social, em que o controle passa a ser exercido sem critério e sem freios, disfarçado na política das *boas intenções*, às vezes verdadeira, mas a cujo risco não é prudente submeter as crianças e os adolescentes, que desfrutam das condições de igualdade, como todo e qualquer sujeito de direitos.

4ª. A contraposição estática entre o paradigma abolicionista e o paradigma repressor é improdutiva do ponto de vista científico e tem levado à oscilação entre indulgência e severidade, que corresponde, no fundo, ao contraste entre assistência e defesa social.

A proteção pode exigir medidas repressivas (socioeducativas), e o modelo de repressão não pode olvidar a assistência. Ademais, as soluções judiciais não são necessariamente mais repressoras ou estigmatizantes do que algumas medidas protetoras tomadas pelo Estado-Social. Em outras palavras, saber reprimir quando necessário reprimir, e proteger quando se trate de proteger. Este é um juízo valorativo, vinculado às garantias inerentes a qualquer pessoa humana (sujeito de direito), compatível com o modelo educativo.

A qualquer tempo, se o adolescente estiver socializado ou reeducado, no sentido de que reúne condições de conviver melhor com os outros e consigo mesmo, o julgador tem a obrigação de desconstituir a medida, que deixou de ser necessária, pois sua finalidade foi alcançada. Nenhuma medida socioeducativa se sustenta em si mesma. Tal não acontece no direito penal. Ademais, como propugnava Chazal (1972), a decisão judicial frente ao menor somente tem validade intrínseca no caso de expressar um ato de solidariedade e de amizade.

5ª. Um direito mínimo para crianças e adolescentes não pode ser tão mínimo a ponto de prescindir das garantias individuais e se satisfazer com o modelo do direito das penas. A noção de irresponsabilidade está equivocada e coloca as crianças e os adolescentes num registro de anormalidade ou de anomalia. Em outras palavras: ser criança ou adolescente, nas etapas de desenvolvimento adequadas, não é doença, mas passagem por uma fase esperada, previsível e fundamental para a maturidade da vida adulta saudável. Considerar a criança como um ser anômalo, pelo simples fato de ser criança, mais que um mito de doença, é favorecer a submissão e a passividade, retirar do indivíduo a oportunidade de crescer como pessoa. Isso corresponde a um processo de debilitação. Torna-a inútil, sem vontade própria e facilmente manipulada.

6ª. É necessário levar em conta a pluralidade da ação na totalidade do sujeito, sem cair na fragmentação do indivíduo, a pior de todas as estigmatizações.

7ª. É imprescindível haver inter-relação entre órgãos de aplicação e órgãos de execução das medidas, sob pena de as decisões judiciais ficarem sem controle e sem resposta. Esta é mais importante do que a medida em si. Isso também não ocorre no direito dos adultos.

A delinquência juvenil, como já referimos, não é um conceito sociológico, ou psicopatológico, mas jurídico.

Nasce da situação do menor frente à lei.

A norma, mais precisamente a possibilidade intrínseca de sua transgressão, funda a oportunidade de sua definição jurídica, ao mesmo tempo em que impõe seus limites, não só em nome da ordem social, mas também para a segurança do indivíduo, pois, no mundo moderno, a lei é um instrumento de constrangimento – o único capaz de nos obrigar a fazer, a deixar de fazer ou a sofrer alguma coisa –, e, simultaneamente, a maior garantia da liberdade humana.

Porém, o conceito de delito, fundamental ao direito penal, em matéria de delinquência juvenil, não é o fator mais importante. De fato, a questão da delinquência juvenil, além de dificuldades jurídicas, aporta indagações que transcendem o universo da lei. Se nosso ponto de vista é a pessoa que cometeu um delito, adverte Vega (1991), interessa-nos saber quem é esse indivíduo, por que atuou assim, que fatores e circunstâncias provocaram sua conduta.

Existe um processo individual e social que leva crianças e adolescentes a manifestarem de uma maneira mais ou menos frequente um tipo de comportamento que inclui atos que o sistema jurídico definiria como delito, se praticados por um maior de idade penal.

Nesse sentido, podemos observar que a delinquência constitui uma inadequada pauta de formação, cuja resultante é um comportamento discrepante em relação a um contexto determinado. A inadaptação, portanto, é um conflito de vida.

Como refere Valverde Molina (1988), o normal se identifica com o legal, mas não coincide necessariamente com o social e o psicológico.

A conformidade do comportamento individual com a ordem social decorre da socialização, entendida como o processo através do qual o indivíduo vai adequando seu comportamento às pautas compartidas de conduta mediante a internalização das normas do grupo social. Todavia, o processo de socialização pode ser insuficiente para garantir a adequação do indivíduo ao grupo, seja porque o sujeito tem como objetivo a modificação das regras vigentes, seja porque não consegue vencer as necessidades pessoais de gratificação. Essas respostas – prossegue Valverde Molina (1988) – diferem na medida em que, numa, o indivíduo segue convivendo de modo socializado; na outra, perde a socialização, colocando-se à margem, pela anteposição do bem individual ao social. Após algumas resistências, a postura de oposição é bilateralmente sentida como contributiva, como acontece nas sociedades democráticas, abertas a modificações e suficientemente fortes para conviver com as diferenças que ela mesma vai autorizando.

De qualquer modo, o sistema social estabelece uma série de mecanismos tendentes a adaptar o indivíduo, quer dizer, torná-lo compatível e conforme com as regras instituídas. Isso é o que se denomina controle social e pode ser entendido em duas instâncias: uma externa, outra interna.

A externa opera heteronomicamente. As regras são impostas de fora para dentro e sancionadas da mesma forma. A interna é autônoma. O descumprimento das regras, nessa instância, gera sentimentos de culpabilidade, numa dinâmica que se processa no mundo da intrapessoalidade psíquica.

Esses aspectos são importantes na compreensão da delinquência juvenil na medida em que guardam estreita ligação com as noções de lei, transgressão e culpa, as quais podem não estar adequadamente internalizadas, levando o sujeito a delinquir, caso as normas externas não sejam suficientes para exercer o controle social eficaz.

Nesse particular, são interessantes as contribuições da psicanálise e os desdobramentos que faz entre deformação do sistema de controle interno e superego.

É importante notar ainda que o adulto pode apresentar seus conflitos em várias áreas, mas a criança concentra-os na área conativa. Por isso, as perturbações infantis, ali condensadas, são conhecidas também como *distúrbio de conduta*. A característica diferencial mais importante com relação ao distúrbio de personalidade adulto é o contexto dinâmico de *um ser em desenvolvimento*, auto e aloplasticamente em definição. A cristalização dessas características formará um caráter antissocial ou psicopático.

Sem desconsiderar dados semiotécnicos muito precoces, sugestivos de distúrbio de conduta, que devem ser observados na sua persistência, na sua intensidade, no seu polimorfismo e no seu significado regressivo, nossa concepção é no sentido de que não é possível classificar distúrbios de conduta numa personalidade em desenvolvimento, sem operar uma etiquetação, não apenas indevida, eis que toda estigmatização sempre o é, mas indevida e prematura, na medida em que, quanto mais precoce, mais prejudicial e lesiva.

Não obstante, sem nunca esquecer as diferenças relativas à etapa do desenvolvimento, existem algumas concepções que podem servir como ponto de partida para a compreensão do fenômeno delinquencial. Alexander e Staub, citados por Jiménez de Asúa (1947), por exemplo, utilizam a seguinte classificação para explicar a conduta transgressora de adultos:

- a) *Transgressores por distúrbio de origem psicológica:* a conduta é expressão de conflitos psíquicos que se estabelecem entre instâncias da personalidade. Constituem a categoria dos neuróticos, segundo o paradigma psicológico.
- b) *Transgressores por distúrbio de identificação social*: a conduta é o resultado de um processo de imitação de modelos buscados na sociedade. Formam a categoria dos sociopatas, conforme a etiologia sociológica.
- c) *Transgressores por distúrbio de origem biológica*: cujo agir está relacionado à descompensação orgânica. Pertencem à categoria dos psicóticos, de acordo com a etiologia biológica.

A nosso ver, as classificações são um modo imprescindível de organizar os conhecimentos.[7] Assim como podem conduzir a estigmatizações e a modelos aprioristicos, se utilizadas de modo rígido e intransigente, servem também para denunciar a impotência da ciência e mostrar a permanente necessidade de flexibilizar o conhecimento enquanto saber aberto.

A par de um enfoque rigorosamente normativo da delinquência juvenil, indispensável no campo da definição e da natureza jurídica do fenômeno, a vertente etiológica contribui com seu estudo explicativo. Não há dúvidas de que esse modelo também encerra limitações intransponíveis, pois, na prática, existe uma pluralidade de fatores concausantes, tornando impossível compreender de modo estático o complexo fenômeno delinquência juvenil. Ademais, toda divisão de fatores é sempre arbitrária.

---

[7] Por exemplo, a Classificação Internacional das Doenças Mentais e do Comportamento – CID 10 e o Manual Diagnóstico e Estatístico de Transtornos Mentais – DSM, são os dois maiores sistemas de classificação em matéria de doença mental.

Por exemplo, sob o ponto de vista psicopatológico, o fato de os conflitos infantis predominarem na área da conduta não cria nenhuma isenção, permitindo outras incidências, tais como alinha Ey (1978):
a) do agir – patologias da conduta;
b) do pensar – neuroses e psicoses;
c) do corpo – distúrbios psicossomáticos.

Male (citado por Ey, 1978) propõe distinguir no adolescente quatro situações, a saber:
a) *a pré-delinquência*, ou da delinquência infantil, que consiste na realização de pequenos delitos de natureza intrafamiliar ou intraescolar, em geral associados à fuga, (ao gazeteio) e à precocidade sexual, os quais adquirem uma interpretação no contexto familiar e são reforçados na puberdade.
b) *a delinquência reativa*, daqueles que procuram escapar de um meio perturbador, no qual aumenta a dissociação familiar, tendo em vista as dificuldades de contato com as "personagens-chaves". A reação vem manifestada pelo uso da violência, pelo alcoolismo, pela droga, pelos furtos, roubos etc.
c) *a delinquência neurótica*, que organiza mecanismos de defesa com atuações, revelando hostilidades inconscientes com o pai, rivalidades entre os irmãos, protestos contra a mãe etc.
d) *a delinquência "verdadeira"*, na qual o comportamento é organizado, e o ego aparece como disgenésico. São os "jovens agressivos" de Aichorn, os "libertinos" de Friedlander, os "mentirosos patológicos" de Neyraut, os "escroques" de Anderson, os "tristonhos patológicos" de Male etc. Aqui estão as personalidades "psicopáticas" típicas nos limites da perversão e da psicose (idem).

Em todos eles, a biografia é reveladora, pois o adolescente teve uma infância com histórias, onde a história do distúrbio já é um sintoma (Wydlocher, 1968, citado por Ey, 1978). Uma história cheia de histórias, da traquinagem ao roubo, da mitomania à escroqueria, da algazarra eventual ao homicídio (idem).

Coimbra de Matos (1986) diferencia o delinquente neurótico e o delinquente *borderline*. No primeiro, existe um comportamento inibido com repressão do desejo pessoal em obediência a um superego demasiado exigente. O comportamento delinquente surge como expressão de descargas agressivas episódicas – passagens ao ato – resultantes de privações e frustrações acumuladas. No segundo, o comportamento delinquente corresponde a uma deficiência narcísica primária, resultando uma precária e específica organização superegóica, em que se encontra um superego lacunar como reflexo do *self*, ora grandioso, ora diminuído, embora, de fato, sempre diminuído. Quer dizer, uma estrutura de personalidade binária, oscilando alternadamente entre impulso/contraimpulso, amor/ódio, resultante da ausência de constância de amor do objeto quanto à gênese, e na ausência do amor pelo objeto na relação que vem a se estabelecer em seguida.

Na origem da delinquência neurótica, encontra-se um meio familiar passivizante fomentando a submissão e acomodação com "obediência automática à lei do outro". Na delinquência *borderline*, encontram-se distorções relacionais precoces prestadas por objetos abandônicos, insuficiência ou má qualidade dos cuidados maternos, relações extremamente frustrantes, separações precoces ou prolongadas, marcadas pela distorção das relações pais-crianças, negligência e indiferença paternal, defeito psicótico ou caráter perverso dos pais, instabilidade familiar e falta de apoio do meio ambiente (idem), ou, como refere Winnicott, de um meio ambiente sustentador.

Ainda para o mesmo autor, o *acting* é o vestígio seguro de intenso sofrimento pré-edipiano, designadamente pré-verbal, no qual o sujeito se confrontou com um objeto predominantemente narcísico e sádico, em ambiente familiar tenso e taleônico. O sujeito alivia a ansiedade ou a dor depressiva mas, ao mesmo tempo, priva-se dos elementos indispensáveis à compreensão daquilo que dá origem ao comportamento. Vinga-se no exterior, mantendo ao abrigo da sua agressividade o objeto que merece a retaliação. Desloca o conflito do interior para o exterior e do objeto primário para o objeto secundário e para a sociedade. Age, atua para se defender da conscientização do ambiente familiar abandonante, negligente e retaliador.

O Manual Diagnóstico e Estatístico dos Transtornos Mentais, DSM-I, de 1952, criou a expressão *personalidade sociopática* ou *associal* (CID-9).

O DSM-III, bem como a sua edição revisada, recomenda a utilização de um sistema multiaxial de avaliação que inclui nos eixos I e II todos os distúrbios mentais. No eixo II, incluem-se duas classes de distúrbios: os específicos do desenvolvimento e os distúrbios da personalidade, enquanto no eixo I estão todos os outros distúrbios mentais e as situações restantes. É nos distúrbios do desenvolvimento – primeira e segunda infâncias e adolescência – que vamos encontrar os distúrbios de comportamento.

O DSM-III R, abandonando terminologias anteriores, também oferece sua definição. Classifica o transtorno de conduta como o padrão persistente de conduta no qual se violam os direitos básicos dos demais e as normas sociais apropriadas à idade. Acrescenta que, se o sujeito tem dezoito anos ou mais, não reúne critérios para o transtorno de personalidade, cuja alteração da conduta deve perdurar pelo prazo de mais de seis meses e se expressar concretamente pela manifestação de pelo menos três de um total de treze itens, arrolados de forma decrescente em relação a seu poder discriminativo, com base em dados obtidos num ensaio de campo, em que se estudam os critérios diagnósticos DSM-III R para os transtornos por condutas perturbadoras. Esse transtorno pode ser de três tipos: grupal, agressivo solitário e indiferenciado, e, quanto ao critério para gravidade, leves, moderados ou graves.

O DSM-IV (1995), embora adotando a mesma leitura ampliada e os mesmos indicadores diagnósticos, inclusive para a gravidade do transtorno, e com a observação de que, para indivíduos com mais de 18 anos, um diagnóstico de Transtorno de Conduta aplica-se apenas se não forem satisfeitos os critérios para Transtorno da Personalidade Antissocial, adverte que o diagnóstico de Transtorno da Personalidade Antissocial é vedado a indivíduos com menos de 18 anos.

Longe da questão classificatória, priorizando os modelos de identificação, Lindzey e colaboradores, referidos por Kolb (1977), enfatizam que bastará a simples observação de uma conduta agressiva sendo recompensada ou aprovada para fazer com que as pessoas se tornem mais agressivas. Nessa linha de raciocínio, crianças que são frequentemente punidas aprendem a ser agressivas, embora possam não sê-lo para os pais.

Alguns estudos permitiram inferir que a agressividade em adultos está relacionada ao nível de punição física aplicada por seus pais, enquanto outros revelaram que as crianças agressivas não sofreram maior frustração em seus lares do que colegas de classe menos agressivos. Antes, verificou-se que crianças agressivas tinham pais agressivos, que aprovavam a conduta agressiva dos filhos fora de casa, enquanto pais de crianças menos agressivas tendiam a desencorajar essa forma de comportamento em seus filhos.

Por seu turno, do ponto de vista psicológico, segundo Amaral Dias (1992), os atos agressivos se expressam no viver humano de três modos diferentes, não mutuamente exclusivos, a saber:

- A agressividade como resultado de descargas desadaptadas de um impulso vital num contexto restritivo do desenvolvimento (perspectiva psicossocial), em que as palavras-chaves são condicionamento do meio e adaptação.
- A agressividade como uma reação à frustração emocional e a perspectiva de uma "crise dinâmica intrapsíquica" reavivada na adolescência, em que o conceito-chave é a ansiedade edipina.
- A agressividade como fruto de desorganização primária de estruturas da personalidade ou "das relações de objeto", na perspectiva estrutural, em que a palavra-chave é identidade ou dinâmica narrativa pessoal.

Por certo, atrás dessa divisão existe uma unidade: o sofrimento psíquico.

Com esses exemplos, pretendemos mostrar que existem várias contribuições de outros setores do conhecimento humano que compartilham do mesmo objeto de estudo e sugerir que o difícil problema da delinquência juvenil transcende as relações de direito penal.

É preciso superar a tradicional unidimensionalidade dogmática, o binômio delito-pena, pois o fenômeno da delinquência juvenil reclama um redimensionamento global do pensamento (jurídico), que deve estender seu campo de investigação para além das normas legais e adentrar a epistemologia multifatorial da complexidade interdisciplinária, em que a família é um ponto de interseção privilegiado.

De acordo com Valverde Molina (1988), é importante não destacar nenhum tipo de comportamento, modelo ou nomenclatura, pois uma conduta tão complexa como a do ser humano não pode ser estudada e compreendida se não formos capazes de relativizar as nossas próprias normas, se não soubermos nos colocar no lugar do outro e não nos aproximarmos de sua vida da maneira mais livre possível de nossas próprias parcialidades. Em outras palavras, se não formos capazes de nos reconciliarmos com nossa própria infância.

1.6. A norma e a regulação de comportamentos

A existência de um grupo sem a presença de indivíduos singulares é uma abstração e, note-se, também a consideração do indivíduo único, isolado e sem qualquer relação com os demais, faz dele algo que não é um ser humano (Leyens & Yzerbyt, 1999). Foi sob esse ponto de vista, o do homem enquanto ser social, que Sherif procurou perceber como os encontros entre as pessoas vão gerando regularidades comportamentais (Hogg & Vaughan, 2010). É precisamente nessa perspectiva que se enquadram as normas, cujo papel social é fundamental, na medida em que congregam todo o conjunto de regras e de prescrições a respeito da forma de perceber, pensar, sentir e agir.

As normas são, afinal, escalas referenciais e avaliativas que definem a gama de comportamentos, de atitudes e de opiniões permitidas ou reprováveis. As normas sociais e legais orientam comportamentos, geram ordem, propiciam estabilidade e, consequentemente, permitem a previsão comportamental. O funcionamento do tecido social serve-se da norma como redutora de incertezas e de imprevistos, e como reguladora das interações cuja harmonia está na dependência direta da observância dessas mesmas regras. Por oposição, a não aplicação adequada das normas causa desequilíbrios, relativamente aos quais há uma particular impressionabilidade. Assim sendo, há geralmente uma grande sensibilidade face aos infratores das normas instituídas (Leyens & Yzerbyt, 1999).

A observância e a adequada aplicação das regras sociais implicam uma *adaptação* às mesmas. Em termos gerais, a adaptação refere-se a um processo dinâmico e relacional entre o indivíduo e o meio. Por isso, deve considerar-se que o processo de adaptação implica um intercâmbio e uma relação biunívoca entre o sujeito e o meio, de que resulta algo não atribuível nem a um nem a outro, mas a ambos. Por outro lado, e considerando as perspectivas mais centradas na ideia de que o sujeito deve-se conformar ao meio envolvente, a importância é atribuída à adesão e à conformidade às normas sociais. Portanto, em certa medida, existem condicionantes a que o indivíduo estará exposto, pelo que deve reunir determinadas condições para que lhe seja possível o processo adaptativo (Orte & March 2001).

É claramente visível que a adaptação assim interpretada leva, necessariamente, à procura do conceito de *inadaptação*. Na verdade, ao indivíduo em adaptação já se impõem as condições do próprio processo, além de que as possibilidades que se lhe oferecem, para que se adapte, são limitadas. Note-se que não seria razoável que o indivíduo abdicasse totalmente das suas próprias necessidades ou do seu sistema de valores e de crenças, para se conformar ao meio social. Ora, as crenças, as atitudes, as normas e os valores do grupo de pertença, nem sempre estão em convergência com as do grupo normativo predominante. Assim, poder-se-á dizer que a adaptação percebida da forma como foi exposta acaba por gerar uma maior aproximação relativamente à definição de inadaptação (Orte & March 2001).

Por sua vez, e ainda de acordo com os mesmos autores, o conceito de inadaptação exibe alguma complexidade, já que traduz uma relatividade que deriva da própria semântica, que sugere uma comparação relativamente a alguma coisa, implicando uma relação de oposto ou de contrário a algo. Portanto, essa oposição já transporta algum relativismo, uma vez que impõe a referência a uma norma, situação, grupo ou conjunto de condições, que constituem o corpo de dados a analisar para significar o termo. Moragas referiu que o inadaptado seria o indivíduo que, por uma predisposição pessoal hereditária, genética ou ambiental, sofreria um desvio na maturação das estruturas psíquicas ou apresentaria um sistema de desejos irrealizáveis, fracassando nas suas reações face aos estímulos que a vida lhe apresentasse. Esta definição enfatiza o meio envolvente sem considerar a dinâmica inerente ao processo adaptativo.

Para Lafón, o inadaptado seria o sujeito jovem em que existiriam anomalias, insuficiência de atitudes ou défice de caráter, que o colocavam à margem ou em conflito com as realidades ou as exigências inerentes à sua idade ou à sua procedência social; por vezes, poderia tratar-se também de um jovem com suficiente eficiência e caráter, mas inserido num ambiente não adequado às suas necessidades corporais, afetivas, intelectuais ou espirituais. Esta é já uma definição que se focaliza em três aspectos (Orte & March, 2001):

a) O do indivíduo com défice face às características de um meio concreto;
b) O do ambiente deficitário face às necessidades e expectativas do sujeito;
c) O do indivíduo com défice num ambiente igualmente deficitário.

Aqui, está presente a interação entre as características ambientais e as necessidades e expectativas do indivíduo, que se encontra inserido num meio social específico e concreto, que se revela mais ou menos adequado às necessidades, expectativas e dificuldades daquela pessoa em particular.

Em outra definição, Valverde (1981) sublinha a inadaptação social como a manutenção de um comportamento discrepante, que não tem de levar o indivíduo forçosamente à exclusão. Assim sendo, a aceitação, a tolerância ou a adoção desse comportamento dependerão das características, tanto do sujeito, como do seu grupo de pertença. Neste caso, a discrepância comportamental não constitui a causa da inadaptação, ainda que seja um indicador de risco. Também não se verifica a focalização nos aspectos deficitários do indivíduo, enfatizando-se antes a presença de outros elementos relacionados com o código de valores, os desejos, as crenças e as expectativas do grupo social de referência. Esse código de valores e esse conjunto de expectativas dependerão, por sua vez, das condições históricas, sociais, econômicas, sanitárias e outras, que se vivam naquele exato momento.

Então, tendo em consideração o que foi referido até aqui a respeito do conceito de inadaptação social, é importante salientar os seguintes aspectos (Orte e March, 2001):

a) O conceito está impregnado de uma relatividade que procede das conotações sociais e avaliativas que classificam o comportamento. Consequentemente, a análise da conduta inadaptada carece de uma contextualização ambiental e situacional;

b) A avaliação individual ou grupal da inadaptação exige a consideração das expectativas, das normas de conduta e dos critérios de análise comportamental. O comportamento manifestado, por sua vez, deve ser contextualizado em termos de circunstâncias históricas, políticas, sociais, educativas e econômicas, sendo que tais aspectos determinam a classificação da conduta;

c) Também é importante que, na análise do comportamento, tenha-se em consideração a percepção que o indivíduo tem da ação e da própria situação, atendendo-se à trajetória biográfica que o conduziu até ali. Ao fim e ao cabo, somos reféns de nossa biografia. Isto implica a necessidade de procurar uma perspectiva interativa, que parta de uma dinâmica relacional, já que é nessa dinâmica que se gera o conflito.

Esse dinamismo de interações é gerador de acontecimentos sociais e, simultaneamente, gerado a partir deles. A análise dos acontecimentos sociais torna imperativa a

consideração dos valores e das regras com papel determinante em todas as interações que estão subjacentes aos comportamentos de todos e de cada um dos indivíduos. A descrição das três normas determinantes das percepções e dos juízos das pessoas ficou a dever-se a Moscovici (1979), e passa a apresentar-se sumariamente:
a) A *norma de objetividade*, que implica uma forma de juízo que parte da necessidade de aceder a informações portadoras de exatidão;
b) A *norma de preferência*, que estabelece uma forma de juízo baseada no fato de que a diversidade de opiniões resulta da existência de diferentes gostos ou preferências;
c) A *norma de originalidade*, que deriva de uma forma de juízo dependente da novidade existente numa determinada ocorrência.

Trata-se de uma interpretação que traduz a dinâmica inerente às percepções e juízos de cada pessoa, relativamente à realidade social envolvente, em que a originalidade constitui uma norma de significação dos comportamentos, sob um critério baseado na capacidade de produção de novas respostas portadoras de novos juízos. Contudo, a *objetividade* constitui-se numa norma predominante, essencialmente fundada numa clara definição do objeto, que terá de ser idêntica para todos os que pertencem a determinado universo social (Mugny & Papastamou, 1992). Assim, uma inovação na norma social será sentida em função da relevância de cada um daqueles determinantes que, no seu conjunto, terão um impacto e uma razão de importância relativos, em função da situação concreta (Fischer, 1994).

A abordagem às normas sociais, bem como à sua ruptura, implicam uma posição atenta a uma multiplicidade de fatores que interagem, quer digam respeito ao indivíduo cujo comportamento se opõe à normalidade, quer digam respeito às especificidades sociais, históricas, culturais, religiosas e políticas do meio, naquele preciso momento. Note-se que a dinâmica social não é interpretável de forma unívoca, mas sim, e em todos os casos, em função de uma estrutura particular que se compõe de diversos fatores e contraditórios, de que podem resultar diferentes formas de violência ou de inadaptação. É neste tipo de interpretação que se poderá apreender o social e o individual, numa perseguição da compreensão dessa dimensão que a realidade apresenta (Fischer, 1994). Por outro lado, do ponto de vista do indivíduo como ser social, não pode ser feita uma análise dos comportamentos, normativos ou desviantes, adaptados ou inadaptados, sem se atender ao sistema de normas instituído e à respetiva observância ou transgressão.

1.7. A transgressão à norma

A adoção de um código de normas implica, desde logo, a possibilidade de o transgredir, pelo que se pode depreender que sempre terá havido transgressão. Atualmente, segundo Gil (2004), parece haver sinais de que a globalização favorece a ruptura da norma, levando a uma crescente preocupação com as questões ligadas à insegurança urbana. Na verdade, algumas das razões para que o fenómeno se verifique passam pela maior mobilidade dos indivíduos em espaços mais populosos, bem como pelo aumento do número e da frequência de relações estabelecidas entre sujeitos, cuja vulnerabilidade é também aumentada, até porque são muitos os locais e os momentos em que não há vigilância suficiente.

Por outro lado, as fontes fortalecedoras da consciência que se opunha à transgressão eram, no passado, muito ligadas a critérios religiosos que, entretanto, se diluíram pelo processo de secularização das sociedades ocidentais (Gil, 2004). Assim, sempre tendo existido, a transgressão à norma tenderá a aumentar, e a forma como esse desvio é interpretado difere em função do quadro conceitual de referência e do ponto de vista valorizado por cada autor.

Becker (1966) referiu-se ao desvio como um fenómeno transgressivo social integrado num campo de análise que abarca as interações entre indivíduos, sociedades e sistemas de normas. Estes últimos visam a nortear a conduta dos atores sociais inseridos em determinado meio. Então, se a vida social deve regular-se por algum tipo de ordem, a quebra desta última vai traduzir-se numa alteração socialmente identificada como infração, originando uma reação da sociedade. Para Cohen, a normatividade e a desviância apresentam-se como duas faces do mesmo fenômeno social, uma vez que apenas é possível abordar o desvio, tendo por referência a norma. Enquanto problema social, a violação da norma põe a descoberto a socialização como elemento a ser compreendido relativamente ao contexto em que ocorre, pondo em evidência os papéis da família, da escola, do grupo de pares e das instituições de controle social (Carvalho, 2005).

Os debates mais atuais sobre a transgressão enfatizam a ligação entre as influências de matriz social e a execução de condutas transgressivas, num plano plenamente consciente de que a problemática é atravessada por uma complexa rede de contextos e de variáveis. Assim sendo, em obediência a uma visão que se pretende integradora e dinâmica, a análise da desviança não pode nem deve ficar circunscrita ao conhecimento das ações desencadeadas. Pelo contrário, essa análise torna imperativa a consideração dos níveis sociocultural e econômico do meio em que se manifestam as condutas (Carvalho, 2005). Essa é a perspectiva de Debuyst (1985), que refere a necessidade de uma avaliação da percepção do indivíduo que realiza a ação transgressiva, uma vez que ele próprio reconhece o seu comportamento como uma transgressão e é, forçosamente, levado a perceber-se a si e ao seu comportamento como tradutores de uma relação particular, relativamente à norma instituída e à lei em vigor. Então, opera-se no indivíduo uma espécie de forma de juízo, com maior ou menor complexidade e com mais ou menos intencionalidade, relativamente às normas instituídas e à respectiva aplicação. Dessa forma, a reação desencadeada pelo seu comportamento encontra-se, necessariamente, inscrita na própria problemática comportamental do sujeito.

Em suma, pode-se afirmar mais uma vez, que a ruptura das normas não é redutível à mera avaliação dos comportamentos em si, nem tampouco a uma abordagem que se centre numa só dimensão da transgressão. A ação transgressiva está afetada de uma multiplicidade de fatores, antecedentes e consequentes, bem como das interações entre todos esses aspectos implicados. A transgressão impõe uma visão que abarque a ação, o contexto social, econômico e cultural, as circunstâncias e os elementos precipitantes, não esquecendo a importância de se considerar, também, a realidade única e irrepetível do indivíduo e a forma como ele percepciona a ocorrência. São estas noções que se apresentam esquematicamente na figura que se segue.

Figura 1.1. A norma e a transgressão.

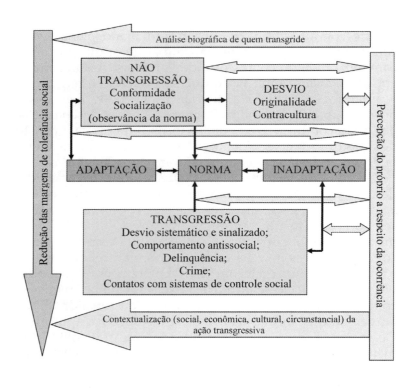

Conforme ilustrado na figura 1.1., pode dizer-se que a não transgressão à norma implica um processo de socialização conducente (e decorrente de) à conformidade e à adaptação social do indivíduo. Contudo, o desvio nem sempre pode ser considerado como transgressão, na medida em que pode circunscrever-se ao plano das meras tentativas de originalidade ou da procura de uma atitude de contracultura, típicas de determinadas fases do desenvolvimento. Já a transgressão implica outros tipos de conduta, de matriz antissocial, em que o indivíduo manifesta recorrentes comportamentos violadores das normas, a ponto de se situar nas franjas da tolerância social, correndo o risco de ser identificado e sinalizado pelas instâncias de controle social formal. Nos diferentes percursos transgressivos encontram-se, muito frequentemente, situações de inadaptação social, e a tolerância social diminui com a prática transgressiva.

1.8. Práticas preventivas – modelo de Bloom

Mais do que combater o fenômeno da transgressão às normas importa, sem qualquer dúvida, apostar em medidas preventivas e adotar estratégias que possibilitem enfrentar o problema antes de instalado.

A partir de diversas análises, Bloom (1996) concebeu a Equação Configuracional que estabelece ligação a uma multiplicidade de aspectos implicados nos comportamentos das pessoas. Sua ideia é a de que é essencial que qualquer tipo de intervenção seja definido com base numa avaliação exaustiva de todos os elementos envolvidos, interativos e relevantes. Assim, propôs a Equação Configuracional, através da qual se verifica a coleta de todos os elementos implicados, sob a perspectiva ecológica de análise de cada situação, atendendo a todos os fatores e às respectivas interações. A avaliação, a prevenção e a intervenção impõem, sob este ponto de vista, uma análise prévia e tão completa quanto possível, partindo-se da ideia de que a prevenção consiste num conjunto de ações coordenadas e orientadas para a antecipação de problemas previsíveis, promovendo as potencialidades desejáveis para os indivíduos inseridos em determinado contexto físico, social e cultural. A equação é apresentada em seguida, através do esquema da figura 1.2., da página seguinte.

Figura 1.2. Equação Configuracional para definição de práticas de prevenção primária (adaptado de Bloom, 1996)

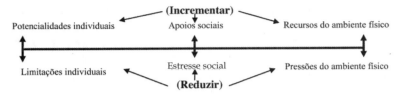

Trata-se da definição de um Modelo Geral que norteia a avaliação de qualquer conduta, partindo de todos os componentes e respetivas interações, de forma adaptada, para ir atendendo a uns e, se for o caso, ignorando outros, em função da situação concreta com que haverá necessidade de lidar. Por isso, pode-se afirmar que se trata de um modelo geral e adaptável às mais variadas situações e aos mais diversos contextos. Sob este ponto de vista, cada componente poderá passar por uma análise, tendo sempre em consideração os elementos da análise configuracional (Bloom, 1996), que podem ser esquematizados da seguinte maneira:

Figura 1.3. Configuração dos fatores que devem ser considerados na análise de qualquer problema humano (adaptado de Bloom, 1996)

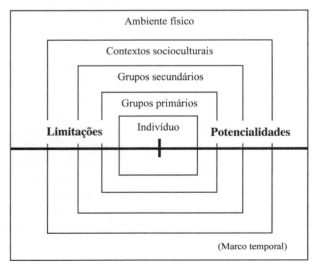

Ora, para melhor compreender o modelo proposto por Bloom, impõe-se a definição de cada um dos elementos apresentados na figura 1.3.

Assim, ao nível do indivíduo, devem integrar-se todos os aspectos cognitivos, afetivos, comportamentais e físicos/biológicos. Os *grupos primários* compõem-se de todos aqueles com os quais o indivíduo estabelece interações próximas e diretas, como a família e o grupo de pares, enquanto os *grupos secundários* incluem as instituições/organizações normativas e reguladoras dos comportamentos. Os *contextos socioculturais* são constituídos por coletivos que compartem sistemas de símbolos e que dão sentido à vida do sujeito, como será o caso das leis, da herança étnica, da linguagem, do estilo de vida, da vertente espiritual etc. O *ambiente físico* consiste no envolvente natural e no envolvente construído em que se insere o indivíduo, sendo que deve-se considerar sempre o *marco temporal* como o conjunto de ocorrências/mudanças que passam pelas alterações históricas, culturais, políticas e até as decorrentes do próprio desenvolvimento de grupos e de indivíduos.

Quanto ao que se deve implementar nos diferentes elementos e níveis, numa tentativa de potenciar/incrementar condições individuais, apoios sociais e recursos do ambiente físico, e de reduzir/eliminar limitações individuais, estresse social e pressões do ambiente físico, pode se consultar o quadro 1.2., que procura sumariar os aspectos a serem trabalhados.

Quadro 1.2. Componentes e elementos a trabalhar, segundo o Modelo Geral proposto por Bloom (1996)

1. Potencialidades Individuais a Incrementar	
Aspectos Cognitivos	Métodos de educação geral Resolução de problemas Estimulação cognitiva Instrução antecipatória Competências cognitivas específicas (gestão de stresse)
Aspectos Afetivos	Mudança de atitude Raciocínio moral Clarificação de valores

Aspectos Comportamentais	Aprendizagem social
	Habilidades sociais
	Aspectos biológicos e físicos
	Autoeficácia
	Assertividade
	Resistência positiva
	Educação afetiva
2. Potencialidades Individuais a Reduzir/Eliminar	
Aspectos Cognitivos	Reestruturação cognitiva
	Enfrentar antecipadamente
	Autoinstrução
Aspectos Afetivos	Mecanismos de defesa e estratégias adaptativas
	Gestão de estresse
Aspectos Comportamentais	Risco, acidentes e segurança
	Condutas danosas (para o próprio)
	Condutas danosas (para terceiros)
	Prejuízos e descriminação
	Enfoque holístico e multifatorial:
	Abuso de substâncias
	Problemas decorrentes da falta de emprego etc.
3. Apoio Social a Incrementar	
Aspectos Interpessoais	Estilo relacional (vinculação)
Aspectos do Grupo Primário	Apoio informal
	Autoajuda
	Rede de apoios
Aspectos do Grupo Secundário	Fortalecimento social (empowerment,...)
	Consulta/Acompanhamento
	Apoio local/por redes
Aspectos do Contexto Sociocultural	Apoio formal...
	Instituições
	Sistemas simbólicos (de ideias, crenças,...)
	Meios de comunicação social
4. Estresse Social a Reduzir/Eliminar	
Aspectos Interpessoais	Apoio grupo de pares...
	Apoio de outros significativos
Aspetos do Grupo Primário	Funções amortecedora e promotora
Aspectos do Grupo Secundário	Ação social (serviços...)
	Instituições sociais (sindicatos...)
Aspectos do Contexto Sociocultural	Princípio de segurança
	Dispositivos de justiça social

Obviamente, todos estes elementos são permeados por fatores que poderão constituir-se num risco, pelo que também há necessidade de atender aos mesmos, como se fará no capítulo seguinte.

Síntese do Capítulo I

Este capítulo iniciou-se com a apresentação breve de como indivíduos com comportamentos criminosos e doentes mentais partilharam, por muito tempo, os mesmos espaços e igual tratamento. Sob uma ordem ditada pelas normas religiosas, uns e outros eram rotulados como possuídos por demônios.

Posteriormente, já no século XIX, começaram a se revelar os contributos que dariam um impulso à Criminologia: Benthan defendia o recurso à pena como forma de demover as pessoas da prática criminosa, e Beccaria criticava o sistema de justiça da época, desafiando a que se criassem leis mais racionais e eficazes. Entretanto, a emergência da vertente positivista a respeito do crime e do criminoso, para a qual muito contribuíram nomes como os de Lombroso, Ferri e Garofalo, levaria ao despontar da Criminologia enquanto ciência autônoma.

Este primeiro capítulo passa, depois, à exploração dos conceitos de comportamento antissocial, delito e crime, não deixando de ser referida a importante função de um código de normas, cuja existência, por si, leva a que haja também condutas violadoras dessas regras. Em seguida, é apresentada uma proposta de definição de delinquência juvenil, atendendo à norma jurídica e ao que está para além da mesma. Neste ponto, desenvolve-se um esforço de conciliação das múltiplas facetas do conceito de delinquência.

Evidentemente, o tema da conduta delituosa é explorado em termos de avaliação com vista à implementação de práticas preventivas, excelentemente apresentadas por Bloom no seu Modelo Geral.

Nas atuais sociedades, parece verificar-se a presença de fatores que, eventualmente, poderão potenciar as práticas desviantes, pelo que também se faz referência a alguns desses aspetos. A visão global do que se aborda neste capítulo poderá ser mais facilmente recordada através da observação da figura na página seguinte.

Figura 1.4. Norma, transgressão, comportamentos desviantes e a evolução da forma como têm vindo a ser interpretados

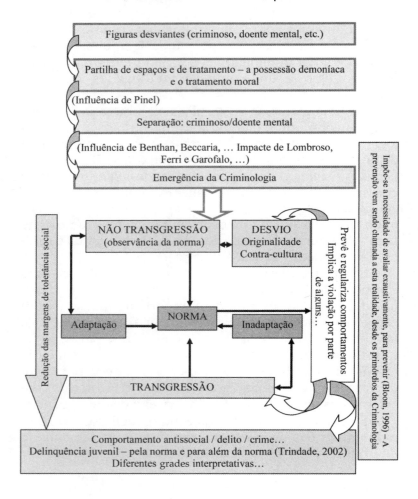

Capítulo II – Trajetórias transgressivas

> "Caminante, no hay camino, sino estrlas en el mar."
> (António Machado)

2.1. Fatores implicados nos comportamentos – risco e proteção

Sob um ponto de vista psicossocial, e no âmbito de um comportamento tão complexo como o antissocial, deve-se atender, necessária e forçosamente, a uma multiplicidade de influências provenientes de origens e de naturezas muito diversas. Por isso, parece pertinente que se dedique um capítulo aos fatores que podem potenciar o desenvolvimento de comportamentos transgressivos, não esquecendo a referência àqueles outros fatores que, pelo contrário, parecem reduzir/proteger as probabilidades de exteriorização dessas condutas.

Tradicionalmente, o conceito de risco foi sendo utilizado num plano essencialmente biomédico, refletindo as adversidades associadas à morbilidade e à mortalidade. A investigação epidemiológica procedeu à busca e à localização de determinados agentes ou condições que se associam ao aumento da probabilidade de ocorrência de situações comprometedoras da saúde, da qualidade de vida e até da própria vida das pessoas. Tais agentes ou condições começaram a ser denominados *fatores de risco*. Posteriormente, a busca desses fatores deixou de se centrar exclusivamente no domínio biológico, passando a abarcar outros domínios tais como o social e o comportamental (Jessor, 1991).

O alargamento do conceito de fator de risco levou a que se passassem a referir os fatores psicossociais de risco, como estando subjacentes a comportamentos comprometedores da saúde e da qualidade de vida das pessoas. O conceito de risco psicossocial está implicado, naturalmente, no desenvolvimento do indivíduo e no seu processo de adaptação social, em especial e de forma extraordinariamente marcante, no decorrer da adolescência. Na sequência da consideração de risco psicossocial, emergiu o conceito de comportamento de risco, que designa toda e qualquer conduta que possa conduzir ao comprometimento dos aspectos psicossociais implicados no saudável desenvolvimento do indivíduo (Jessor, 1991). Por outro lado, também se foi observando a presença de outros fatores que pareciam proteger certos indivíduos, mesmo quando expostos a inúmeros fatores de risco.

Assim, torna-se imperativo definir claramente, identificar e classificar esses fatores, quer os de risco, quer os de proteção, na medida em que podem ser identificados elementos com um papel de grande importância nos posteriores comportamentos dos indivíduos (Catalano & Hawkins, 1996; Costa, Mato & Morales, 1999; Farrington, 1996; Loeber, 1990). Assim, de acordo com Schenker e Minayo (2005), o risco consiste numa consequência da decisão, tomada conscientemente pelo indivíduo, no sentido da exposição a uma situação que inclui a possibilidade de perda ou de dano físico, material ou psicológico, embora propicie a obtenção de um desejo ou de um bem. Repare-se que Giddens (1991) salienta que, apesar do risco poder implicar perigo, um e outro não devem se confundir.

Impende ressaltar o fato de que o risco, contribuindo para aumentar a probabilidade de se verificar uma determinada ocorrência ou evento, não pode nem deve ser confundido com a sua causa, devendo ser interpretado como um dos vários elementos que se apresentam positivamente associados à probabilidade dessa ocorrência se verificar (Gordis, 1996). Evidentemente, os fatores de risco não são estáticos e muito menos instantâneos, apresentando-se em permanente e dinâmica interação, exercendo uma influência que pode potenciar a exteriorização de condutas problemáticas (Davies & Cummings, 2006). No caso da manifestação de comportamentos antissociais, como o são a delinquência e o consumo de drogas, por exemplo, tem-se confirmado que cada uma dessas condutas tende a potenciar a manifestação e o desenvolvimento da outra (Bennett & Holloway, 2005), num funcionamento de influência mútua, mas sem que se estabeleça qualquer relação de causalidade entre elas (Bean, 2004; Seddon, 2000).

No entanto, e apesar do poder de influência nociva dos designados fatores de risco, tem-se constatado que certos indivíduos a eles expostos resistem a ingressar por trajetórias transgressivas. Essa constatação levou a que se pensasse na presença de outros elementos, também poderosos, aos quais se passou a denominar *fatores de proteção* e que parecem ter impacto sobre aqueles que, apesar de expostos ao risco, não desenvolveram condutas problemáticas. Também esses fatores de proteção se revelam dinâmicos, agindo sobre o indivíduo de forma processual (Milkman & Wanberg, 2004) e em articulação com os fatores de risco (Pulcherio, Bicca & Silva, 2002).

De forma consertada, fatores de risco e de proteção exercem a sua influência, mas constituem variáveis diferentes e independentes, uma vez que não se verifica uma forçosa complementaridade entre elas (Jessor, Van Den Bos, Vanderryn, Costa & Turbin, 1995). Mais recentemente, algumas das abordagens sobre os fatores de proteção alegam que os mesmos proporcionam "resiliência" ao indivíduo (Assis, 1999; Bloom, 1996). A ideia de resiliência remete para um conjunto de fatores psíquicos e sociais que possibilitam ao sujeito um desenvolvimento saudável, a despeito da sua maior ou menor exposição a situações de adversidade (Jessor, Turbin & Costa, 1998).

Com certeza, tudo parece indicar que os fatores de risco promovem e mantêm a manifestação de comportamentos problemáticos, contrariamente à ação dos fatores de proteção, que potenciam o controle pessoal ou social no sentido oposto ao da manifestação dessas condutas disfuncionais (Jessor, Turbin & Costa, 1998).

2.2. O processo de socialização e as principais esferas de influência

Antes de avançarmos para os aspectos desenvolvimentais que aqui se explorarão, revela-se fundamental ter em consideração que as previsões e os projetos cientificamente orientados no sentido da educação social, tanto grupal como individual, devam ter um cariz preventivo, de situações de risco ou de tratamento pós-condenatório, seguindo as regras comportamentais que explicam os processos de desenvolvimento que podem conduzir a uma socialização criminógena (Tieghi, 2011).

A socialização do indivíduo constitui um processo fundamental a ser abordado no âmbito da interiorização das normas e, consequentemente, da adaptação do indivíduo e da sua conformidade aos códigos de conduta instituídos. Numa fase inicial, a socialização da criança processa-se no seio familiar, sendo os pais os primeiros agentes desse processo. Ao longo do seu desenvolvimento, a criança vai absorvendo normas comportamentais de outras figuras que não apenas as parentais, num gradual aumento da amplitude do seu universo social. Deste modo, o próprio processo de socialização vai se tornando mais complexo, fruto de várias e diversificadas interações e fontes de influência.

Efetivamente, é por meio da socialização que o indivíduo interioriza processualmente os padrões de pensamento e de conduta que caracterizam o seu meio social e cultural. O processo de socialização visa, essencialmente, a alcançar um certo controle sobre funções de natureza biológica e sobre determinados impulsos. Então, independentemente da sociedade em questão, a criança terá de aprender a interagir com os outros, atendendo ao facto de que também eles apresentam necessidades, muitas vezes mais prementes do que as suas próprias (Gleitman, Fridlund & Reisberg, 2003). Trata-se de um processo muito complexo, afetado por uma multiplicidade de fatores de natureza familiar, escolar, social, econômica e cultural.

Entre os fatores referidos, os familiares têm um impacto inegável logo desde os primeiros dias de vida do indivíduo. De acordo com Velaz de Medrano (2002), um trajeto de perturbação relacional inicia-se no âmbito das primeiras relações que, se forem perturbadas, não satisfatórias e pouco estimulantes para a criança, resultarão numa progressiva inadaptação conducente a uma possível perturbação comportamental precoce. Na mesma linha de pensamento,

Machado (2004) refere que a qualidade da vinculação estabelecida, desde tenra idade, com as figuras parentais, tem grande influência sobre as relações significativas e a autoimagem que o indivíduo construirá ao longo da sua vida.

No mesmo sentido, Montagner (1993) afirma que, desde o nascimento, a criança é um ser complexo cuja globalidade inclui o componente biológico com um desenvolvimento geneticamente programado, integrando também o desenvolvimento de competências, inatas e adquiridas. Refere, outrossim, que se trata de um processo que progride em permanente aprendizagem, cujo resultado será o indivíduo como ser social. Com efeito, o padrão de vinculação da criança conduzirá à maior ou menor segurança do indivíduo, sendo determinante de sua maior ou menor abertura em relação aos outros e ao mundo (Machado, 2004). Por isso, e como se verá mais adiante, a qualidade dessas primeiras relações está fortemente implicada no processo de socialização e, consequentemente, na possibilidade de posterior manifestação de condutas desviantes.[8]

Além da família, a escola constitui uma instância de socialização com marcada influência no desenvolvimento do indivíduo. De acordo com Tillman (2006), certos fatores como o fracasso escolar, a ausência de interesse pela escola e um clima escolar desfavorável, constituem um risco no processo desenvolvimental da criança. Para Blaya (2006), certas características da escola podem se revelar de central importância na possibilidade de desenvolvimento de comportamentos agressivos que, não raras vezes, acompanham os trajetos de desvio à norma. Ainda de acordo com Blaya (2006), entre essas características, destacam-se as seguintes:

    a) A localização da escola em meios urbanos socialmente desfavorecidos e com presença de uma marcada indisciplina;

    b) A escola demasiado grande, com várias saídas/ entradas e com escadarias e vãos, dificultando a vigilância e potenciando a ocorrência de comportamentos antissociais;

---

[8] A propósito da importância das relações precoces na vida futura da criança, ver: Aportes da etologia: da família ao nascimento do pai. In: TRINDADE, J. *Delinquência Juvenil*, op. cit., 2002.

c) A permissividade excessiva dos órgãos de gestão disciplinar da escola, bem como a aplicação incoerente e irregular das normas e a não clara definição das mesmas.

Enfim, a existência de um ambiente de insegurança e de todo o conjunto de aspectos já referidos, de que não escapa a própria estrutura arquitetônica do edifício, podem favorecer a agressividade, o vandalismo e o absentismo escolar (Tillman, 2006). Não é demais reforçar que as características anteriormente referidas podem levar à maior ocorrência de situações de insucesso escolar, com possibilidade de abandono precoce da vida acadêmica e desenvolvimento de mau comportamento na escola que, de acordo com Garrido e Martínez (1997), também constituem fatores de risco. Os fatores de natureza social, econômica e cultural também afetam o processo de socialização, podendo fragilizá-lo. A esse respeito, Tillman (2006) refere que os principais aspectos que constituem risco são os seguintes:

a) A presença de pobreza na zona residencial;
b) A frequente presença de grupos com comportamentos desviantes, como a prática de ações delinquentes;
c) A considerável disponibilidade e o fácil acesso a drogas e a armas.

Por oposição, os fatores de proteção que favorecem o processo de socialização e criam resistência nas crianças expostas a fatores de risco são os seguintes (Velaz de Medrano, 2002):

a) A coesão social da comunidade;
b) A existência de redes sociais de apoio, acessíveis e estáveis;
c) A disponibilidade de meios socioeconômicos;
d) A prevalência de uma cultura baseada em valores e princípios democráticos de justiça;
e) A igualdade de oportunidades.

Dos diferentes elementos implicados no processo de socialização que até aqui se apresentaram, convém relembrar que os mesmos não atuam de forma estanque, mas mediante um dinamismo de permanente interação, cujo impacto é superior ao verificado por cada fator isoladamente. Além disso, vários outros aspectos estão envolvidos, de forma mais ou menos direta, na socialização do indivíduo. Entre esses fatores, destacam-se os referidos por Loeber e Farrington (1998) como sendo elementos de risco para o possível desenvolvimento de condutas delinquentes na infância, conforme se apresentam no quadro 2.1.

Quadro 2.1. Fatores de risco para a delinquência
(adaptado de Loeber & Farrington, 1998)

Origem	Fatores de risco
Na criança	Temperamento difícil Comportamento impulsivo Hiperatividade em coocorrência com comportamentos disruptivos Impulsividade Consumo de drogas Agressividade Comportamentos disruptivos de início precoce Isolamento Baixa inteligência
Na família	Comportamento antissocial ou delinquência parental Consumo de drogas pelos pais Práticas educativas deficientes Fraca supervisão Castigos físicos Pobre comunicação Fracas relações pais/filhos Abuso físico e/ou abuso sexual por parte dos pais Negligência parental Depressão da mãe Tabagismo da mãe durante a gravidez Ser mãe precocemente Desacordo entre pais sobre a disciplina da criança Família monoparental Família numerosa Frequente mudança dos cuidadores da criança Baixo estatuto socioeconômico Desemprego dos pais Educação pobre da mãe Falta de controle sobre a criança
Na escola	Pobre desempenho acadêmico Muitos insucessos Fraca vinculação à escola Baixas aspirações escolares Fraca motivação escolar Escola pouco organizada e com funcionamento deficitário
Nos colegas	Associação a colegas desviantes Rejeição por parte dos colegas
Na comunidade	Vizinhança pobre e desfavorecida Vizinhança desorganizada Facilidade na aquisição de armas (e de drogas) Exposição à violência dos meios de comunicação social

Assim, pode-se dizer que todos os fatores que se encontram no quadro apresentado, podem pôr em risco o normal processo de socialização, levando ao desenvolvimento de graves perturbações comportamentais e, muito frequentemente, conduzindo a um padrão de funcionamento transgressivo e comprometedor do futuro do sujeito.

Os principais fatores de risco apontados como fortemente implicados no possível desenvolvimento de comportamentos antissociais passam por situações de pobreza com privação em termos socioeconômicos, pobreza na habitação e desfavorecimento do local em que a mesma se insere, muitas vezes integrada em comunidades socialmente desorganizadas. Acrescente-se a pobre retaguarda parental, incluindo a fraca supervisão, a disciplina rígida ou a permissividade no estilo educativo praticado, bem como os conflitos parentais com exposição a situações de violência interparental ou, até mesmo, o afastamento da criança em relação aos pais biológicos, também muitas vezes considerados como fonte de uma influência nefasta (Farrington, 1996).

Entre outros fatores, destacam-se ainda o temperamento impulsivo e a baixa inteligência, sendo de referir que o estilo parental parece influenciar a instalação daquelas duas características na criança. Por outro lado, as famílias muito numerosas parecem estar relacionadas com a pobre retaguarda parental, pelo que o aumento do tamanho da família parece ter um efeito negativo sobre a criança, contribuindo como um risco para o desenvolvimento de conduta antissocial (Farrington, 1996). Não obstante, é fundamental deixar claro que estes elementos, tendo uma influência prejudicial ao processo de socialização, não se relacionam causalmente, de forma linear e direta, com a posterior manifestação de comportamentos antissociais.

Dada a relevância dos fatores de risco e de proteção sobre os futuros comportamentos do indivíduo, outros autores encontraram diferentes classificações, procurando sistematizar esses elementos que tanto afetam as condutas das pessoas e o estilo de vida por elas adotado. No Modelo Transacional do Desenvolvimento de Violência, são apresentados os fatores implicados nesse estilo comportamental. Assim, podem referir-se os fatores como sendo de *vulnerabilidade* e *desencadeantes*. Os primeiros funcionam com base no aumento da vulnerabilidade do indivíduo que, perante determinadas situações, terá menos robustez e sucumbirá mais rápida e facilmente a um funcionamento comportamental antissocial. Já os segundos, designados por desencadeantes, consistem em elementos que podem desencadear o processo de instalação e desenvolvimento de conduta antissocial, funcionando à semelhança de fatores precipitantes. Entre os fatores de proteção, podem referir-se os de *resistência*, facultando ao sujeito uma maior robustez face à adversidade, e os *potenciadores* como elementos de favorecem diretamente o desenvolvimento de condutas socialmente adequadas (Costa, Mato & Morales, 1999). A lista apresentada no quadro 2.2., na página seguinte, sintetiza a forma como os autores apresentam esses fatores.

Quadro 2.2. Fatores de risco e de proteção, com diversas origens (adaptado de Costa, Mato & Morales, 1999)

Fatores de risco

	Pessoais	Familiares	Escolares	Sociais	Culturais
Vulnerabilidade	» Impulsividade » Trato difícil » Incompetência social » Dificuldade no adiamento de gratificação » Baixa capacidade intelectual » Início precoce de conduta antissocial » Exposição à violência » Baixa autoestima	» História parental de problemas comportamentais » Isolamento social » Escassa/Inadequada vinculação afetiva » Práticas educativas restritivas, arbitrárias e punitivas » Deficiente supervisão » Alcoolismo parental » Violência interparental » Baixa educação parental	» Fracasso » Baixo rendimento académico » Baixas aspirações » Indefinição de objetivos » Desorganização escolar » Escolas grandes e massificadas » Ausência de apego aos professores	» Privação económica » Precariedade laboral » Desorganização comunitária » Vandalismo e delinquência » Isolamento social » Baixa coesão comunitária » Pares desviantes	» Rigidez nos papéis de género » Clima social sexista » Violência nos media » Aceitação social da violência
Desenca-deantes	» Rejeição pelos pares » Fracasso social » Perturbação do comportamento	» Conflitos familiares » Disponibilidade de drogas e armas » Presença de enfermidade	» Sucessão de fracassos concretos » Deficiente acompanhamento	» Mobilidade geográfica » Pressão do grupo » Desemprego	

Fatores de proteção

	Pessoais	Familiares	Escolares	Sociais	Culturais
Resistência	» Saúde » Competência social » Autonomia » Elevada autoestima » Resistência à frustração » Saber o que quer » *Locus* causal interno	» Afeto, empatia » Apego mútuo » Adequada supervisão, com limites claros » Valores próssociais » Práticas educativas coerentes e democráticas » Modelo de comportamento próssocial	» Elevadas expectativas » Suporte social » Organização e bom clima escolares » Envolvimento dos pais » Promoção do êxito e da autoestima	» Coesão social na comunidade » Redes sociais estáveis	» Valores democráticos » Flexibilidade nos papéis de género » Igualdade de género
Poten-ciadores	» Concretização de objetivos significativos	» Experiências significativas de resolução (não violenta) de problemas » Harmonia familiar	» Experiências de êxito escolar	» Disponibilidade de recursos sociais e financeiros	

Repare-se que, entre os fatores de risco, tanto os *desencadeantes* como os de *vulnerabilidade*, referem diferentes origens, podendo serem classificados em pessoais, familiares, escolares, sociais e culturais. Essa mesma classificação é atribuída aos fatores de proteção, quer sejam de *resistência*, quer sejam *potenciadores*.

Evidentemente, pela elevada importância do processo de socialização e dos elementos até aqui apresentados, alguns autores exploram e desenvolvem perspetivas que procuram explicar a exteriorização de comportamento antissocial, tendo em consideração o efeito produzido pelos fatores que, sendo de risco ou de proteção, contribuem para a instalação de um tipo comportamental pró ou antissocial.

2.3. Risco, proteção e estilo de vida – Jessor

Para se perceber o ponto de vista de Jessor, há necessidade de definir alguns conceitos imprescindíveis para a compreensão do desenvolvimento de comportamentos problemáticos, de modo muito especial no período da adolescência.

Desde logo, deve ficar claro que certos comportamentos de risco se organizam no adolescente à semelhança de uma espécie de "síndrome", e, simultaneamente, são condutas problemáticas que constituem risco acrescido para a instalação de um estilo de vida comprometedor do futuro desenvolvimento daquele indivíduo. A própria noção de *estilo de vida* remete para um determinado conjunto de condutas que denotam a organização de um padrão de comportamentos específicos e interligados. A grande utilidade de atender à ideia do estilo de vida relaciona-se com o fato de se passar a olhar o adolescente como um ator social no seu todo, não havendo tendência para a focalização em cada um dos seus comportamentos, de forma estanque e isolada (Jessor, 1991).

Assim, de um ponto de vista compreensivo e sob uma perspetiva psicossocial, a procura de explicação para os comportamentos manifestados pelo sujeito deve passar pela consideração de quatro domínios gerais:

a) O envolvente social;
b) A percepção desse meio envolvente;
c) A personalidade;
d) Os comportamentos em geral.

Acrescente-se que tem vindo a ser considerado um quinto domínio, que inclui outros componentes como o *biológico/genético*. A partir desses cinco domínios interligados, em que se encontra a presença de fatores de risco e de proteção, pode-se estabelecer uma associação com a "síndrome" de comportamentos de risco, que integra e propicia a organização de um determinado estilo de vida, eventualmente comprometedor da saúde e do futuro do jovem (Jessor, 1991), conforme se pode verificar através do esquema da figura 2.1.

Figura 2.1. Estrutura conceitual dos comportamentos de risco do adolescente (adaptado de Jessor, 1991)

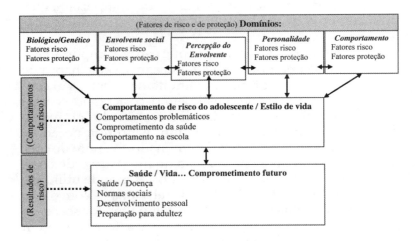

Outros modelos apontam também a presença de fatores potenciadores da manifestação de comportamento antissocial, sempre com uma particular focalização do processo de socialização do sujeito.

2.4. Modelo de desenvolvimento social – Catalano & Hawkins

Sob a perspetiva do Modelo de Desenvolvimento Social, parte-se do pressuposto de que a criança deve aprender e desenvolver padrões comportamentais, no sentido pró ou antissocial. Assim, ao longo do processo de socialização, o desenvolvimento do indivíduo é afetado por quatro construtos (Catalano & Hawkins, 1996), a saber:
   a) As *oportunidades percebidas*, por via do envolvimento em determinadas atividades e do estabelecimento de interações;
   b) O grau de envolvimento e de interações;
   c) As *competências* de participação ativa nesses envolvimentos e interações;
   d) O *reforço percebido* como decorrente desse envolvimento e dessas interações.

Por outro lado, é também sobejamente sabido que o comportamento se relaciona muito estreitamente com o laço social estabelecido com a sociedade normativa, devendo-se considerar que o fortalecimento desse laço transita pelo envolvimento e pelo compromisso da criança relativamente a atividades tradicionalmente valorizadas, pela ligação afetiva estabelecida quando das primeiras relações da criança, nomeadamente com as figuras parentais, pela interiorização de crenças e de valores normativos e, portanto, socialmente adaptados, e pelo compromisso/investimento em relação à sociedade normativa (Hirschi, 1971). Não obstante, pode verificar-se o estabelecimento de laços com um código de normas desviantes, desenvolvendo-se a adoção de valores e de crenças antissociais (Catalano & Hawkins, 1996) e até mesmo legitimadoras do desvio, com eliminação dos valores socialmente valorizados. Dito de outra forma, não é raro que se interiorizem, ao longo do processo de socialização, crenças e normas que aproximem o indivíduo no sentido do desvio, com rejeição das regras instituídas e adoção de um sistema de regras desviantes. É também frequente que, nesses casos, se instalem as designadas *técnicas de neutralização* apresentadas por Sykes e Matza (1957), que consistem em racionalizações que visam a eliminar ou minimizar a importância das leis e das normas sociais vigentes. Portanto, está-se perante uma estreita rede de imensas possibilidades, sob influência de múltiplos fatores que afetam a evolução do processo de socialização do indivíduo.

O modelo que aqui se apresenta, leva em consideração essa variedade de aspectos, bem como a forma como tais elementos interagem entre si e afetam os comportamentos. Assim, deve se atender a três variáveis fundamentais (Catalano e Hawkins, 1996):

a) À *posição* na estrutura social (raça, idade, gênero, estatuto socioeconômico);
b) Aos fatores constitucionais;
c) Aos traços psicológicos;
d) Aos constrangimentos ou *fatores de contenção externos* (respostas sociais, formais e informais, ao comportamento).

De acordo com esta proposta de Catalano e Hawkins (1996), a posição na estrutura social não tem um efeito direto sobre o desenvolvimento de comportamento antissocial. No entanto, há um impacto, ainda que indireto, através da influência gerada sobre as oportunidades, pró ou antissociais, percebidas pelo sujeito, e sobre um outro elemento: o dos constrangimentos externos. Ainda de acordo com os autores do modelo, o construto correspondente aos fatores constitucionais e de traços de personalidade é mediado por aspectos como as oportunidades percebidas (pró ou antissociais), as competências de envolvimento e de interação, e o reforço percebido (pró ou antissocial). É a partir destas variáveis que se começa a estabelecer uma rede de ligações, diretas ou indiretas, que acabam por conduzir ao vínculo e ao compromisso do sujeito com dinâmicas relacionais e atividades pró ou antissociais, definindo-se um padrão comportamental, também ele pró ou antissocial, como pode ver-se na figura 2.2., da página ao lado.

**Figura 2.2. Modelo Geral de Desenvolvimento Social
(adaptado de Catalano e Hawkins, 1996)**

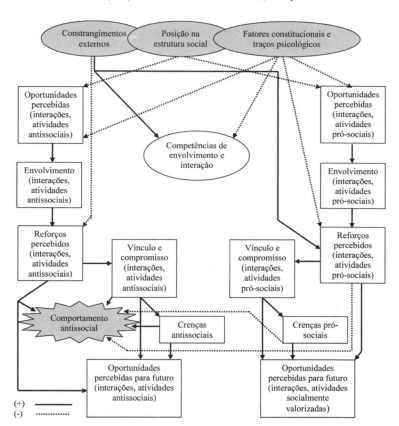

Esta conceitualização tem baseado e estimulado a realização de várias pesquisas, como a de Lonczak *et al.* (2001), em que os autores concluíram tratar-se de um modelo útil e adequado ao esclarecimento sobre comportamentos problemáticos, como o consumo de álcool em jovens com 16 anos. Outras análises (Kosterman, Hawkins, Guo, Catalano & Abbott, 2000) têm sido levadas a cabo com base neste modelo e, algumas dessas pesquisas (Zara & Farrington, 2009), têm averiguado também o impacto dos fatores de risco particularmente associados à família e/ou ao grupo de pares. Além do modelo geral, os autores exploraram ainda a possibilidade de se verificarem diferentes desenvolvimentos da conduta antissocial, bem como a ideia de que essa evolução se operaria sob diferentes influências em diversos períodos de desenvolvimento. Acrescente-se que o modelo enfatiza o impacto dos diversos fatores de risco e de proteção, no sentido de que se verifique um padrão de continuidade de comportamentos.

Ainda assim, a constatação de que possa haver padrões, ao nível da continuidade da manifestação de conduta antissocial, não exclui a ideia de que esses comportamentos possam apresentar um curso evolutivo obediente a diferentes modalidades e tipologias (Negreiros, 2001).

2.5. Trajetórias transgressivas – envolvimento

No âmbito dos trajetos transgressivos, pode-se referir a ideia de *sequência de desenvolvimento* que, associada à noção de *trajetória*, remete para o comportamento antissocial como algo que se desenvolve ordenada e sistematicamente, possibilitando a previsão e permitindo a identificação de desiguais manifestações comportamentais ligadas a diferentes fases de evolução das ações transgressivas do sujeito. Assim, é possível afirmar que a trajetória transgressiva poderá progredir mediante estádios específicos (Negreiros, 2001).

Vários autores, como Le Blanc (1990), apelam a esse caráter evolutivo do trajeto transgressivo através de estádios, referindo a existência de um padrão criminal hierarquizado, com uma tendência crescente em termos de capacidade de cometimento de crimes, em que alguns dos sujeitos percorreriam os estágios que os levariam à consolidação desse padrão de comportamento. Efetivamente, diversas análises (Farrington, Loeber & Kammen, 1990) confirmam que os problemas comportamentais na infância antecipam, frequentemente, a manifestação futura de conduta antissocial, o que denuncia a existência de um curso evolutivo que se inicia com problemas da conduta e que transita, posteriormente, para a delinquência. Na verdade, Le Blanc (1986) referiu a pertinência da noção de *carreira criminal*, enquanto processo baseado na identificação de estágios ou de etapas de crescente envolvimento do indivíduo em atividades delinquentes.

Assim, numa perspectiva que assenta em fases evolutivas da construção de um percurso delinquente, Frèchette e Le Blanc procederam à análise da atividade delinquente, propondo uma abordagem que sustenta a instalação e o desenvolvimento desse tipo de comportamento, por via dos seguintes mecanismos (Le Blanc, 2008):

a) *A ativação*, enquanto processo referente à forma como as atividades delinquentes vão sendo estimuladas e como a sua persistência se vai revelando. Através dos dados recolhidos pelos autores, foi possível constatar que, quanto mais precoce for o início das ações delinquentes, mais duradouras e diversificadas essas atividades se revelarão. A ativação é afetada por diferentes vias, de que faz parte a da *estabilização*, em que a precocidade das ações se apresenta como um poderoso elemento que é fonte de duração e de uma progressiva consistência comportamental; por esta via, as atividades ilegais tornam-se persistentes, muito embora não se revelem forçosamente frequentes ou diversificadas. Posteriormente, passa-se à via da *aceleração*, em que se vai revelando uma tendência para a abundância de atos ilícitos, apesar de não se verificar, necessariamente, uma grande duração e variedade. A *diversificação* surge como uma terceira via, sendo que a precocidade dos comportamentos se torna potenciadora da diversidade de atividades delinquentes; nesta via, as ações delituosas são diversificadas, mas não necessariamente abundantes ou duradouras. A última e quarta via revela-se como a mais criminôgena e resulta da *interação entre frequência, duração e diversidade*, sendo suportada pela precocidade das condutas e, dessa forma, acaba por levar à cronicidade do comportamento delinquente;

b) *O agravamento* apresenta-se como uma sequência de diversas formas de delito, que se verificam com o avançar da idade do sujeito, no sentido do aumento da gravidade dos atos praticados. Este mecanismo deve ser analisado à luz das próprias ações delinquentes e do desenvolvimento de atividades desviantes, devendo também atender ao progressivo envolvimento do indivíduo em atos ilegais. Através de uma análise mais atenta aos dados, os autores identificaram cinco estágios de desenvolvimento da delinquência. O primeiro desses estágios é o do *aparecimento*, em que o indivíduo, entre os 8 e os 12 anos de idade, manifesta condutas delinquentes homogêneas e que, geralmente, se reduzem a pequenos furtos. Segue-se o estágio da *exploração*, já entre os 10 e os 12 anos de idade, e em que o indivíduo manifesta uma tendência para a maior diversidade e para a crescente gravidade dos atos, que já poderão incluir furto e vandalismo. A etapa seguinte é a da *explosão*, que ocorre por volta dos 13 anos e que se apresenta como um período em que há um drástico aumento da gravidade e da diversidade das ações delinquentes, surgindo novos tipos de delito, como distúrbios públicos e furto por arrombamento, por exemplo. Esta etapa é seguida de outra, designada por *conflagração*, em que o sujeito, com cerca de 15 anos de idade, evidencia novo aumento da diversidade, da gravidade e da frequência dos atos ilícitos, que podem integrar novos tipos de crime, como tráfico de drogas, furto de veículos motorizados, roubo e confrontação da vítima. Na idade adulta, surge um quinto estágio, conhecido como *expansão*, em que se constata um movimento do sujeito no sentido de adotar comportamentos mais astutos e progressivamente mais violentos;

c) *A progressão*, enquanto forma diferente de se abordar a questão do agravamento, consiste num mecanismo em que se vai constatando a passagem progressiva de atos menos graves para atividades delituosas gradualmente mais graves. Assim, muito embora nem sempre se verifiquem etapas específicas e claramente definidas, os indivíduos revelam um agravamento progressivo dos atos praticados e, simultaneamente, vai-se instalando a deterioração da adaptação social, com simultânea fragilização do desenvolvimento psicológico do sujeito;

d) *A desistência* estabelece-se tendo em consideração a duração, a gravidade, a frequência e a variedade dos atos delinquentes. Tudo indica que, quanto maiores forem a frequência, a variedade, a duração e a gravidade, maiores serão as probabilidades de se verificar a saturação do indivíduo, que pode passar a um processo de desistência que, por sua vez, se compõe de três mecanismos. O primeiro desses mecanismos consiste na *desaceleração*, referente à relação estabelecida entre a frequência e a suspensão da atividade delinquente, constatando-se uma diminuição gradual da frequência dessa atividade, antecedente ao momento de cessação da mesma. Já o segundo mecanismo, chamado *especialização*, remete para a adoção de ações criminosas progressivamente menos heterogêneas, numa redução da diversidade de atos praticados até que ocorra a sua cessação. Finalmente, o mecanismo correspondente à *saturação* reporta-se ao indivíduo que alcança um patamar pessoal de elevada gravidade das ações criminosas que realiza. Uma vez alcançado esse nível de gravidade, antecipa-se o momento da cessação.

Contrariamente à *cessação*, podem ser referidas as situações em que se verifica uma continuada *persistência* de manifestação de condutas antissociais e até mesmo delinquentes. Embora de modo menos frequente, a verdade é que certos indivíduos apresentam um padrão comportamental de crescentes ações antissociais, evoluindo no sentido das práticas criminosas graves, num perfil persistente de comportamento delinquente. Assim, o indivíduo pode começar, desde tenra idade, a manifestar condutas agressivas, passando a um gradual alargamento de seu leque e da gravidade dessas ações, integrando, por exemplo, as fugas, o furto de veículos automóveis e o tráfico de drogas e, na idade adulta, poderão emergir comportamentos mais graves como a violência contra outros e a ofensa sexual, podendo verificar-se a ocorrência de fraudes e de crimes sexuais contra crianças. Dessa forma, estes sujeitos terminam por apresentar um padrão comportamental criminoso persistente, que ultrapassa a ideia da mera recorrência de atos delinquentes isolados, para se verificar uma *coerência comportamental*, ou uma *continuidade heterotípica*,[9] abarcando uma diversidade de manifestações antissociais e criminosas que persistem ao longo da vida do sujeito (Moffitt, 1993).

Em outras palavras, pode-se dizer que, Moffitt (1993) e Moffitt e Caspi (2002) distinguem a delinquência limitada à adolescência (*adolescence limited delinquency*) e os delinquentes de carreira (*life-course-persistent delinquency*). A primeira geralmente é exploratória e temporária, e se caracteriza por ser utilitária e corresponder a uma ruptura com os valores familiares em busca de protagonismo, sendo que sua interrupção se dá, em princípio, regularmente com o fim da adolescência. A segunda é de início precoce, persiste em vários períodos da vida, e apresenta maior probabilidade de perturbações neurobiológicas e comportamentais, assim como de influência genética dos riscos.

Há de se referir, entretanto, o paradoxo de Robins, pois a maior parte das crianças antissociais não se torna adultos antissociais, embora o comportamento antissocial seja praticamente um pré-requisito para as manifestações posteriores. De fato, existem três fatores que se relacionam com a desistência: a mudança do meio que proporciona novas trajetórias de vida, principalmente se o comportamento antissocial não estiver enraizado; os fatores de compensação que protegem o adolescente, oferecendo novas possibilidades; e, finalmente, o êxito de programas de prevenção e de atenção à criança e ao adolescente infrator (Robins, 1978).

Dessa forma, vê-se que continuidade (persistência) e mudança (fuga do processo) são dois fatores que se contrapõem. A delinquência de início precoce (*precocious*

---

[9] A propósito, ver: TRINDADE, J. *Manual de Psicologia Jurídica para Operadores do Direito*. Porto Alegre, Livraria do Advogado, 2012, 6a.edição, onde há observações sobre a Teoria da Continuidade (homotípica e heterotípica) e da Desconstinuidade.

offenders / early onset offenders) pode ser explicada pela conjugação de prejuízos individuais, práticas educacionais ineficientes, e estrutura social desfavorável, a par de uma maior probabilidade de exposição a uma gama de características emocionais negativas e a uma série de dificuldades neurodesenvolvimentais, estilos parentais inadequados, confusos e contraditórios ou descontrolados para as crianças (Moffitt, 1993).

Diferentemente, a delinquência limitada à adolescência sugere que, após um período de ajustamento na infância, aparecem comportamentos antissociais na pré-adolescência, mas que serão, em geral, abandonados no final da puberdade. Pode-se supor, agora, que esses adolescentes não foram expostos a fatores causais mais significativos, foram menos submetidos à adversidade estrutural, e possuem um tipo de vinculação pró-social adequada e com menores probabilidades e ofertas desviantes. Também se pode cogitar que possuem mecanismos de compensação suficientes para fazer frente aos fatores de risco eventualmente existentes, e postergar o seu envolvimento com a delinquência para a etapa da adolescência, aonde chegam relativamente equipados para promover os movimentos de retorno à vida de regulação. Entretanto, ao mudarem da etapa da infância para a fase da adolescência, e empreenderem o processo de autonomia e independência relativamente às figuras parentais, tornam-se vulneráveis para enfrentar as ansiedades próprias dessa fase. Por isso, a delinquência fica limitada à adolescência (*adolescence limited delinquency*), pois esses jovens são portadores de um repertório de competências individuais, grupais, afetivas e normativas capazes de redirecioná-los ao roteiro de vida de acordo com as regras sociais e jurídicas vigentes.

Uma vez que os comportamentos antissociais ficam restritos à adolescência, nos casos em que não se reveste de gravidade, intensidade, significado regressivo maior e polimorfismo, eles não chegam a produzir efeitos negativos persistentes, e as sequelas serão menos profundas. A capacidade de resiliência permitirá que, ao final da adolescência, eles reingressem na trajetória existencial adequada e escolham alternativas pró-sociais definitivas.

Na realidade, um comportamento delinquente persistente vai se desenvolvendo de modo progressivo e contínuo na medida em que a criança cresce. Ademais, a conduta delinquente persistente produz efeitos cumulativos na história de vida, tanto em nível individual e familiar, quanto no nível social e relacional, obstando oportunidades de acesso a estilos mais positivos e reforçando a adoção de mecanismos de funcionamento desviantes. Ao contrário, a delinquência limitada à adolescência ilustra o fenômeno da mudança, pois após um período de ajustamento na infância, os adolescentes ingressam numa rota de disfuncionalidade transitória e adjunta às experiências adolescentes.

Diversamente de alguns autores, Moffitt (1993) defende que essa continuidade em termos de conduta antissocial não apresenta redução com a transição para a meia-idade. Pelo contrário, os indivíduos por ele designados por *psicopatas criminais* teriam uma menor prática criminosa a partir dos 40 anos (remissão criminosa), mas com persistente manifestação de atos antissociais até, pelo menos, aos 65 anos de idade, evidenciando a marcada presença de traços de personalidade antissocial. Esta persistente manifestação de comportamentos antissociais instalar-se-ia e desenvolver-se-ia sob a influência e a interação permanente de certos traços individuais e do ambiente. Assim, haveria défices ao nível das capacidades neurológicas da criança, sendo que tais défices seriam insuficientes para que se instalasse este perfil comportamental, uma vez que se verificaria sempre a interferência das relações estabelecidas com a criança e que, sendo interações criminógenas, contribuiriam também para o desenvolvimento de uma continuidade de comportamentos antissociais.

Então, e ainda de acordo com aquele autor, poderia referir-se uma *delinquência limitada à adolescência*, iniciada pouco antes dessa fase desenvolvimental, seguindo-se o período da idade adulta, acompanhado da remissão da atividade delinquente. Neste caso, estar-se-ia perante um fenômeno transitório, típico da fase de desenvolvimento correspondente à adolescência, praticamente universal e até imbuído de um caráter adaptativo. Pelo contrário, no caso do *comportamento antissocial persistente*, o fenômeno apresentar-se-ia mais raro, com emergência muito precoce de comportamentos problemáticos que se prolongariam até à adultez, através da manifestação continuada de condutas antissociais (Moffitt, 1993). Estas possibilidades podem ser traduzidas num esquema ilustrativo, conforme a figura 2.3.

Figura 2.3. Possíveis trajetórias transgressivas

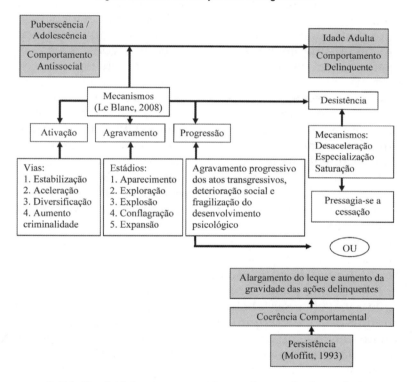

2.5.1. Trajetórias transgressivas – formação droga/crime

Entre as diferentes trajetórias transgressivas, destaca-se a formação droga/crime a respeito da qual se foram colocando diferentes hipóteses explicativas. Numa perspectiva centrada nos processos de instalação desse estilo comportamental, podem ser referidos distintos trajetos desviantes, que se caracterizam diferentemente.

Assim, o *estilo toxicômano* apresenta, geralmente, um estado de grande sofrimento, a que se acrescenta a desorganização do pensamento, sendo que a relação sujeito/meio revela a presença de "irrealismo". Este tipo de indivíduo não evidencia negativismo em relação aos outros, nem sequer relativamente às normas sociais convencionais ou aos valores morais, tratando-se do sujeito que pode eventualmente tornar-se indiferente a tais normas ou valores, especialmente se inscrito em uma subcultura de evasão ou retirada. Já em relação ao *estilo delinquente*, evidencia-se um pensamento simplista e uma atitude reativa relativamente à complexidade do meio que o envolve. Estes sujeitos desenvolvem estratégias comportamentais típicas de um elevado egocentrismo, que se faz acompanhar de uma marcada desvinculação social, pelo que, opostamente ao estilo anterior, revelam forte negativismo face aos outros, às convenções e aos valores morais. Também por isso, o funcionamento global destes sujeitos denuncia um marcado isolamento social, bem como insensibilidade perante os valores morais e humanitários (Agra, 2002; Manita, 1998).

Passando ao *estilo droga/crime*, constata-se um funcionamento global que ultrapassa a mera junção dos dois estilos anteriormente descritos, tratando-se de um tipo comportamental em que são exteriorizados os dois comportamentos e em que se reúnem características próprias e diferentes das dos estilos antes mencionados (Manita, 1998). Assim, pode-se referir a ambiguidade das relações que estes sujeitos estabelecem com o mundo exterior, sendo figuras desviantes muito problemáticas, que nos processos neuroemocionais tendem a se aproximar do delinquente, contrariamente aos processos de pensamento, em que tendem a aproximar-se do toxicômano (Queirós, 1998).

Estes sujeitos, também designados por *especialistas droga/crime*, apresentam um estado de anomia interna que resulta num comportamento oscilante entre a passividade e a ação, dependendo de ocorrências e de circunstâncias não controladas, mas reguladas pelas oscilações dos mercados ilegais de procura e de oferta de drogas. Estes indivíduos suportam, se é que não procuram, múltiplas dependências relativamente ao que lhes é exterior, numa irregularidade espacial e temporal. Nas suas trajetórias encontra-se a constante procura de comportamentos desviantes, numa repetição das experiências de desvio ocorridas na adolescência (Agra, 2002).

2.6. Princípios orientadores da prevenção – da teoria à prática

Ao longo deste capítulo, foram sendo apresentadas diferentes perspectivas que, como se pode constatar facilmente, acabavam por referir, de forma mais ou menos direta, a existência de fatores de risco, possuidores de um marcado poder de influência sobre os comportamentos. Então, esses fatores deverão ser alvo de minuciosa avaliação, sempre que se planejem programas de prevenção.

Com base em investigações que procuram definir princípios cuja observância poderá suportar a elaboração de programas de prevenção, Coie et al. (1993) exploram e propõem um conjunto de medidas que visam a orientar aquilo a que se denomina *ciência de prevenção*.

A ciência de prevenção busca moderar ou prevenir aspectos disfuncionais, por via do estudo sistemático e contínuo dos chamados fatores de risco e de proteção. Tipicamente, formas específicas de disfunção associam-se a uma variedade de fatores de risco, e não a um único desses fatores. Pode-se também afirmar que um particular fator de risco raramente se encontra especificamente associado a uma particular manifestação disfuncional (Hawkins, Catalano & Miller, 1992).

Assim, os fatores de risco e de proteção implicados nos comportamentos desenvolvidos pelo indivíduo apresentam alguns aspectos a considerar, especialmente no âmbito do planejamento de um programa de prevenção. Desde logo, tais fatores podem ser caracterizados da seguinte forma (Coie *et al.*, 1993):

a) Os fatores de risco apresentam relações muito complexas, que contribuem para a instalação e para o desenvolvimento de disfuncionalidades;

b) A presença e a consequente influência desses fatores manifesta-se de forma desigual e "flutuante",

ao longo do desenvolvimento do sujeito. Efetivamente, alguns fatores se revelam como sendo de risco em certas fases desenvolvimentais, enquanto outros se apresentam como um risco estável, por períodos mais longos do ciclo de vida;
c) A exposição a uma grande diversidade de fatores de risco tem um efeito cumulativo, na medida em que um número considerável de preditores e de fatores de risco parece surgir como antecedente de uma série de desordens;
d) A promoção de fatores de proteção combate o efeito dos fatores de risco. De acordo com Dignam e West (1988), Rolf, Masten, Cichetti, Neuchterlein e Weintraub (1990), a exposição aos efeitos dos fatores de risco pode ser mitigada pela presença de fatores de proteção, individuais e sociais.

Tendo em consideração estas especificidades dos fatores de risco e de proteção, Coie *et al.* (1993) apresentam alguns princípios genéricos da prevenção. Referem especialmente a necessidade de que os programas de prevenção atendam, não apenas ao fatores de risco presentes, mas também e sobretudo às eventuais causas do problema, com as quais os fatores de risco são frequentemente confundidos. Por outro lado, também se deve atender ao fato de que um fator presente no decorrer de determinada disfuncionalidade pode, eventualmente, não ser um elemento que se encontre entre as origens do problema, mas uma consequência deste e, por seu turno, constituir um risco. Assim, se esse fator for eliminado ou atenuado por uma intervenção e, apesar disso, não se verificarem quaisquer alterações no quadro disfuncional, então, esse fator não é considerado como causal, podendo ser visto simplesmente como uma marca ou um indicador de um desenvolvimento inadequado.

Um outro princípio a ser observado no contexto da prevenção consiste em que, idealmente, os fatores de risco devem ser identificados antes de se estabilizarem como preditores de disfunção e como elementos menos suscetíveis de alterar. No âmbito da conduta antissocial, pode-se afirmar que, geralmente, a sua previsibilidade por envolvimento com pares desviantes poderá ser feita em torno dos 12 anos, mas raramente antes dessa idade. No entanto, a rejeição pelos pares, a agressividade e a pobre monitorização parental aos 10 anos podem antecipar o posterior envolvimento com pares desviantes (Dishion, Patterson, Stoolmiller & Skinner, 1991). Assim sendo, a estratégia preventiva ideal procura a identificação da rejeição por parte dos pares, da agressividade e da pobreza de supervisão parental, de modo mais precoce, aos 10 anos de idade, de forma a antecipar e a reduzir a eventual afiliação a grupos de pares desviantes, pelos 12 anos de idade (Coie *et al.*, 1993). Neste ponto, impende apontar para a necessidade de, numa perspectiva preventiva, atacar o problema no estágio mais precoce possível.

Considere-se também o princípio de que a prevenção deve focalizar-se particularmente sobre aqueles que se encontram em situação de mais elevado risco. A verdade é que certos indivíduos apresentam um risco mais elevado de desenvolvimento disfuncional, em virtude da sua exposição a fatores de risco múltiplos ou severos. Ora, estes sujeitos são os que apresentam mais dificuldades na implementação de programas convencionais, pelo que são necessários mais esforços, podendo haver necessidade de os incluir em diferentes ensaios de programas preventivos mais específicos (Coie *et al.*, 1993).

Deve ainda ser levado em consideração que uma prevenção efetiva requer ações coordenadas, e que um modelo voltado para a prevenção deve atender aos diferentes domínios em que são identificados fatores de risco (Coie *et al.*, 1993). Recordem-se os grandes domínios apontados por Jessor (1991), como o biológico/genético, o envolvente social, a percepção do envolvente social, a personalidade e o comportamento, referindo a influência dos fatores de risco e de proteção sobre as condutas, o estilo de vida e a preparação do futuro do jovem.

Por outro lado, Loeber e Farrington (1998) apontaram diferentes origens para os fatores de risco, enfatizando a própria criança, a família, a escola, os colegas e a comunidade, numa lógica de pensamento que, embora diferente, em muito se aproxima da ideia de Costa, Mato e Morales (1999), que também destacaram diversos domínios em que se podem identificar fatores de risco e de proteção, com ênfase nos domínios pessoais, familiares, escolares, sociais e culturais. Ora, segundo diferentes investigadores (Coie *et al.*, 1993), os fatores de risco individuais, familiares, escolares e relativos aos pares e à comunidade são independentes e, consequentemente, implicam estratégias de prevenção pensadas e implementadas para serem dirigidas a esses diferentes domínios.

2.6.1. Algumas orientações para programas de prevenção

Com base no que se foi apresentando ao longo desta parte, é possível definir algumas linhas orientadoras, que nortearão o desenvolvimento de programas de prevenção, quer de estados psicopatológicos, quer de comportamentos problemáticos.

Coie *et al.* (1993) apresentam algumas dessas orientações, começando por afirmar que os modelos de explicação e de prevenção devem incorporar dinamicamente os processos desenvolvimentais e os elementos mediadores, através de uma perspectiva que atenda especificamente à identificação dos processos desenvolvimentais que possam constituir uma explicação, ainda que parcial, para a instalação de desordens comportamentais.

Assim sendo, a avaliação de cada situação torna-se essencial, mediante a adoção de múltiplos critérios, assumindo que as condutas do indivíduo poderão ter diferente significância, em termos adaptativos e em diferentes idades. Sob este ponto de vista, deve-se ter o cuidado de verificar que nem os antecedentes desenvolvimentais, nem as respetivas consequências, são estáticos. Por isso, os modelos de prevenção implicam a consideração do trajeto do sujeito, abarcando o seu ciclo de vida, antes e depois do aparecimento de um qualquer sinal disfuncional. Os ensaios de planos preventivos devem basear-se num modelo ou numa teoria desenvolvimental que explore a ligação entre fatores de risco, processos mediadores e padrões de comportamento mal adaptativo. Importa ainda acrescentar a consideração da severidade dos elementos psicossociais estressantes e do funcionamento ocupacional e social do indivíduo, como complemento da restante informação obtida. Também a análise de resultados, de curto e de longo prazos, revela-se de central importância, bem como a consideração de fatores de proteção e dos recursos do sujeito, numa postura não apenas centrada nos défices e nos problemas.

Pelo que até aqui foi sendo apresentado, parece ser pertinente explorar um esquema que possibilite uma orientação facilitada do que se deve considerar nas diferentes etapas de um programa preventivo, tendo sempre em mente que se podem implementar medidas consertadas e coordenadas de prevenção aos níveis individual, familiar, grupal e até comunitário. Em modo de conclusão, apresentam-se esquematicamente os aspectos que foram sendo salientados, a que se acrescentam alguns elementos complementares, visando a delinear alguns dos cuidados que se devem ter na elaboração de planos de prevenção.

Figura 2.4. Aspectos a considerar para a criação de programas de prevenção.

Prevenção
Individual, Familiar, Grupal, Comunitária

Avaliação / Ciclo de Vida

- Momento do aparecimento de sinais
- Exposição a fatores de risco
- Exposição a fatores de proteção

Planear avaliação, definindo método, instrumentos, técnicas e estratégias, com base no auto e heterorrelato, não esquecendo o apelo a informantes privilegiados

Consideração de:
» Existência de recursos / resistência
» Interações diferentes fatores
» "Flutuações, dinâmicas, diversidade e severidade dos fatores de risco
» Diferentes domínios em que se identificam fatores de risco e de proteção
» Eventuais origens/causas
» Distinção entre fatores de risco e causas

Atender a:
» Processos desenvolvimentais
» Avaliações inicial, intermédias, final
» Análise de antecedentes e de consequentes
» Interações dinâmicas entre todos os fatores e circunstâncias, antecedentes, consequentes e no memento

Criminologia – trajetórias transgressivas

Síntese do Capítulo II

O comportamento antissocial deve ser entendido como associado a uma multiplicidade de influências com origens igualmente variadas e de naturezas muito diversas, até porque se trata de um tipo de conduta que, à semelhança de todos os comportamentos humanos, deve ser interpretado sob uma perspetiva biopsicossocial. Por isso, este capítulo procurou integrar diferentes visões das díspares fontes de influência que podem contribuir para a instalação desse perfil comportamental, conforme o esquema da figura seguinte, em que se procura sumariar o que aqui foi explorado.

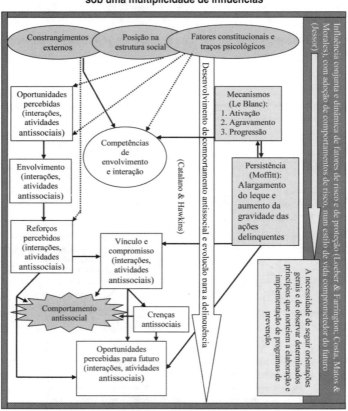

Figura 2.5. Desenvolvimento de trajetórias transgressivas, sob uma multiplicidade de influências

Capítulo III – Trajetórias transgressivas – fatores biológicos

> "Todos temos por onde ser desprezíveis.
> Cada um de nós traz consigo um crime..."
> (Fernando Pessoa)

3.1. Fatores biológicos implicados nas trajetórias transgressivas

Como já anteriormente foi referido, algumas características individuais podem constituir fatores de risco (Cf. Quadro 2.2.) para o desenvolvimento de condutas antissociais, especialmente de matriz delinquente. Efetivamente, algumas das abordagens do crime apontam para aspectos que, sendo pessoais, podem potenciar as probabilidades de ocorrência de comportamentos delituosos. Este capítulo pretende analisar algumas dessas vertentes explicativas do fenômeno, apresentando alguns dos estudos e das abordagens que se baseiam na predisposição individual para o delito.

Sob este ponto de vista, devem ser salientados os fatores biológicos, os psicológicos e os de personalidade que, ao longo do desenvolvimento da Criminologia, foram sendo explorados e, não raras vezes, alvo de estudo tendo em vista a tipificação do ofensor. Por outro lado, e ainda através de interpretações muito centradas no indivíduo (Teorias ao nível do sujeito, e não da sociedade criminógena), importa referir as abordagens focalizadas na presença de Psicopatologia que, em certos casos, parece estar associada à exteriorização de condutas criminosas.

Este capítulo pretende abordar os aspectos biológicos identificados como associados ao desenvolvimento de práticas criminosas, atendendo a alguns dos muitos estudos que buscam explicações para o comportamento criminoso entre os fatores biológicos.

3.1.1. A procura de determinantes biológicos

Esta forma de pensar o fenômeno, sob o ponto de vista biológico e determinista, sofreu um interregno provocado por um progressivo descrédito científico, quer a respeito da validade dessas teorias, quer no que se refere aos limites explorados nas teses positivistas. Esse descrédito parece ter iniciado com as várias críticas tecidas, do ponto de vista da Sociologia Criminal, bem como na perspectiva da própria Antropologia, levando ao abandono das teorias positivistas puras. Contudo, se tais abordagens de caráter atávico não sobreviveram, a sua influência é sentida em estudos que, recentemente, ilustram o que perdura dessa herança (Dias & Andrade, 1997). Trata-se, aqui, de investigações que procuram analisar o comportamento delinquente com base em aspectos biológicos (endógenos), sob orientações metodológicas e paradigmáticas mais atuais e, logicamente, menos deterministas.

Na verdade, atualmente, nenhuma teoria genética define o genoma (ou qualquer outro fator de natureza biológica) como causa determinante dos comportamentos dos indivíduos, o que se pode verificar pela denominação generalizada e corrente da expressão "potencial genético" para designar o impacto dos gens na conduta das pessoas. A constatação frequente de antecedentes familiares com presença de comportamentos delinquentes, relativamente a indivíduos cujas condutas são igualmente delituosas, é conotada como prova de que o mapa genético pode estar implicado no fenômeno, mas não como sua causa determinante, única ou exclusiva. Vários estudos têm evidenciado uma correlação clara e muito significativa entre a delinquência de pais e filhos. Todavia, deve-se salientar que uma tal correlação não é suficiente para o estabelecimento de uma relação causal, na medida em que o caráter transgeracional evidenciado, provavelmente passará, pelo menos em parte, pelos fatores ambientais a que terão sido expostos pais e filhos (Born, 2005).

Ainda assim, e tendo sempre em consideração que o indivíduo deve ser observado sob uma perspectiva holista e, consequentemente, integradora dos seus diferentes componentes, incluindo o biológico, torna-se pertinente explorar esses fatores como elementos que afetam contributivamente o seu comportamento.

3.1.2. Estudos de caráter genético

Nesta parte do livro, são apresentados alguns dos estudos genéticos desenvolvidos no âmbito da análise da prática criminal. Entre esses estudos de caráter biológico, destacam-se os referentes à genética. Sob este ponto de vista, impende abordar as pesquisas realizadas com gêmeos, os estudos com indivíduos que passaram por processos de adoção e os relativos a eventuais anomalias cromossômicas. Veja-se o quadro 3.1., em que se apresentam os estudos de caráter genético que serão tratados logo a seguir.

Quadro 3.1. Apresentação esquemática
dos estudos de caráter genético

Estudos de caráter genético
Estudos com gêmeos
Estudos de adoção
Estudos cromossômicos

3.1.2.1. Estudos com gêmeos

Esta perspectiva assenta na ideia da existência da hereditariedade criminal. Segundo esta lógica, desenvolveram-se estudos com gêmeos, partindo da ideia de que, se os gêmeos monozigóticos, ou seja, com igual patrimônio genético, apresentam uma maior concordância de condutas criminosas, relativamente aos dizigóticos (Tehrani &

Mednick, 2002), que não partilham o mesmo patrimônio genético por provirem de diferentes zigotos, então, haveria evidências que permitiriam confirmar a influência da hereditariedade sobre a prática criminosa.

Joseph (2004) descreveu vários estudos com gêmeos, o primeiro dos quais datado de 1930, tendo sido desenvolvido por Lange. O investigador apontou para conclusões no sentido de uma elevada concordância, na ordem dos 76%, dos comportamentos delituosos dos gêmeos monozigóticos, comparativamente à encontrada entre gêmeos dizigóticos, estes últimos com uma concordância de cerca de 12%. Outras investigações confirmaram a mesma tendência, como foi o estudo desenvolvido em 1934 por Rosanoff, Handy e Rosanoff, também descrito por Joseph (2004), no qual foi encontrada uma concordância de condutas criminosas de 67% entre gêmeos monozigóticos do sexo masculino contra uma concordância de apenas 13% nos gêmeos dizigóticos do mesmo sexo. Entretanto, vários outros estudos foram realizados, apresentando resultados substancialmente diferentes.

Dalgard e Kringlen (1976) desenvolveram uma investigação sobre uma amostra de 138 gêmeos, a partir da qual concluíram pela não existência de diferenças significativas na concordância de condutas delinquentes, entre gêmeos monozigóticos e dizigóticos. Os autores referiram ainda que, partindo da revisão da literatura, seria possível afirmar que alguns dos primeiros estudos, que apoiavam a ideia da determinância genética, estariam fragilizados por equívocos metodológicos. Não obstante, Christiansen (1977) realizou uma pesquisa com 232 gêmeos que apresentavam condutas delituosas, dos quais 85 eram monozigóticos e 147 eram dizigóticos. Os resultados da investigação apontaram para uma predisposição genética para o crime da ordem de 54%. Também Raine (1993) desenvolveu uma análise que permitiu chegar a resultados em que a taxa média de concordância de práticas criminosas se revelou da ordem de 51,5% no caso dos gêmeos monozigóticos, em oposição aos 20,6% obtidos para os dizigóticos. Em outra investigação, Lyons *et al.* (1995) entrevistaram por telefone 3.226 pares de gêmeos do sexo masculino, tendo concluído que os traços relacionados com conduta antissocial se revelavam hereditários, de forma muito significativa. Constataram ainda que os fatores genéticos implicados na origem da conduta criminosa eram mais proeminentes na idade adulta do que na juventude.

Assim, são muitos os estudos que apontam diferentes conclusões, para além de que se impõe a necessidade de relativizar o impacto dos fatores biológicos, uma vez que algumas investigações, como a de Christiansen e Knussmann (1987), concluem que, apesar da indubitável influência desses fatores, tudo parece indicar que o ambiente se revela mais significativo na configuração dos comportamentos humanos. Uma análise conduzida por Rhee e Waldman (2002) mostrou que os aspectos ambientais e os genéticos não apresentavam diferenças significativas em termos da magnitude do seu impacto sobre a manifestação de comportamentos antissociais.

Estudos muito recentes (Gupta, Harvey-Vallender, Singh & Garg, 2011) têm procurado averiguar o papel dos genes e do ambiente no desenvolvimento de comportamentos antissociais. As conclusões dessas pesquisas têm apontado para um maior poder de influência dos fatores ambientais, embora se revele indubitável papel dos genes sobre os traços de personalidade e, consequentemente, sobre o comportamento. Também Guo, Roettger e Cai (2008) concluíram a favor da conciliação entre o impacto dos genes e o dos fatores sociais sobre as condutas violentas e delinquentes.

Pelos estudos apresentados, pode-se ter uma noção acerca da divergência de conclusões, ainda entre aqueles que apontam no mesmo sentido, muito embora com percentagens de concordância bastante diferentes. Para uma melhor percepção dessas discrepâncias, oferecemos o quadro 3.2, na página seguinte.

Quadro 3.2. Apresentação esquemática de alguns estudos com gêmeos

Autor (data)	Número de pares monozigóticos	Número de pares dizigóticos	Concordância nos monozigóticos	Concordância nos dizigóticos
Lange (1930)	13	17	76%	12%
Rosanoff, Handy e Rosanoff (1934)	33	23	67%	13%
Dalgard e Kringlen (1976)	49	89	Sem diferenças significativas	
Christiansen (1977)	85	147	33%	12%
Raine (1993)	262	345	51,5%	20,6%

A elevada discrepância dos resultados remete para as dificuldades metodológicas que limitam estes estudos, aos níveis do controle de variáveis e da própria definição dos sujeitos com condutas criminosas. Outra questão a ser considerada reside na não aleatoriedade das amostras, especialmente no caso dos gêmeos monozigóticos. Na verdade, muitos dos participantes eram provenientes de prisões, o que conduz a resultados tendencialmente diferentes nesses gêmeos, relativamente aos que integram a população geral. Além disso, há especificidades que suscitam algum ceticismo relativamente a estes estudos, notadamente, o fato de a maioria dos gêmeos monozigóticos ter uma educação muito semelhante, o que pode levar, também, a similaridades comportamentais. Acrescenta-se, ainda, que entre gêmeos dizigóticos é frequente que se desenvolvam papéis opositores, havendo um esforço no sentido da diferenciação de um relativamente ao outro. Por isso, pode haver uma redução fictícia ao nível da concordância comportamental entre os gêmeos dizigóticos. Finalmente, a avaliação dos gêmeos quanto à possibilidade de serem mono ou dizigóticos é feita por análise sanguínea, e não por exame de comparação do genoma, o que reduz a exatidão da definição do tipo de gêmeos, podendo ocorrer o risco de obtenção de falsos resultados (Gonçalves, 2008; Joseph, 2004).

Efetivamente, a busca de um código genético que esteja na origem do comportamento criminoso não se afasta muito da ideia do criminoso nato de Lombroso. Ora, a ideia do criminoso que já nasce assim determinado nunca foi demonstrada. Não desconsiderando o interesse dos genes e dos cromossomas, é de acreditar que, excetuando certas situações extremas, a violência resulte antes da distorção dos valores dominantes e de um desenvolvimento psicológico com presença de interações precoces gravemente perturbadas (Cordeiro, 2003).

3.1.2.2. Estudos de adoção

Os estudos de adoção surgiram como uma alternativa para colmatar algumas das limitações identificadas nas investigações com gêmeos. Estas pesquisas estão baseadas em amostras constituídas por indivíduos adotados, e procuram uma diferenciação entre as influências genética e ambiental. Essencialmente, avalia-se se os filhos de pais biológicos com história de práticas criminosas seriam criminosos, mesmo tendo sido criados por pais adotivos sem qualquer história de comportamento delinquente.

Crowe (1974) realizou um estudo com indivíduos adotados, e os resultados mostraram que os genes têm impacto sobre o comportamento dos sujeitos, especialmente, sobre o desenvolvimento de perturbação antissocial de personalidade. Concluiu pela existência de influência hereditária na conduta criminosa, sem deixar de referir que os resultados alcançados evidenciam a necessidade de se atender às interações entre genes e meio. Por sua vez, Cadoret (1978) investigou 246 indivíduos adotados, e as conclusões foram a favor da existência de diferenças significativas quanto a diagnósticos psiquiátricos, entre os filhos de pais biológicos com problemas antissociais e os filhos daqueles que não exibiam esses comportamentos. No mesmo ano, Bohman (1978) realizou uma pesquisa com 2.000 gêmeos e os respectivos pais biológicos e adotivos, concluindo que havia uma correlação significativa quanto ao nível do alcoolismo, entre os indivíduos adotados e os seus pais biológicos mas, em termos de criminalidade, a correlação não se revelou significativa. Posteriormente, num outro estudo, Bohman (1996) analisou 1.775 gêmeos, e os resultados obtidos levaram à conclusão de que o ambiente familiar instável vivido antes da adoção contribuía, tanto para o posterior alcoolismo, quanto para a possibilidade de manifestação de comportamentos delinquentes.

Outras investigações mais recentes foram sendo desenvolvidas. Um desses estudos foi realizado por Mednick, Gabrielli e Hutchings (1984), que analisaram 14.427 adotados, bem como os respetivos pais biológicos e adotivos. Os resultados evidenciaram que, no geral, os filhos adotados apresentavam mais risco de vir a ser condenados, se os pais biológicos tivessem, pelo menos, uma condenação. Em situações de inexistência de condenações, quer nos pais biológicos, quer nos adotivos, apenas 13,5% dos filhos viriam a ser condenados. Essa percentagem aumentaria para 14,7% se houvesse condenações nos pais adotivos, e não nos biológicos. Havendo condenações nos pais biológicos, e não nos adotivos, a taxa de filhos condenados subiria para 20%. Acrescente-se que, de acordo com as conclusões do estudo, quanto maior o número de condenações dos pais biológicos, tanto maior seria a taxa de filhos adotados com condenações por crime.

Ainda na tentativa de se perceber características do comportamento delinquente, estudos empíricos sobre a igualdade dos gêmeos separados e crianças adotadas, indicaram diferentes níveis de atividade fisiológica do sistema nervoso, ou uma lenta atividade das ondas cerebrais tal como se refletem em um encefalograma, sugerindo que fatores biológicos e genéticos correlacionam com uma série de comportamentos agressivos, delitivos e atitudes antissociais (Garrido, 1987; García-Pablos e Gomes; 2006; Maíllo, 2008). Comparativamente com não delinquentes, os delinquentes tendem a ter uma frequência cardíaca mais baixa e uma menor resposta cutânea (RAINE, 1993), que são medições da atividade nervosa autônoma.

Por outro lado, uma revisão de quinze estudos realizada por Raine (1993) apontou para a existência de uma correlação positiva entre hereditariedade e criminalidade não violenta contra o patrimônio. Ainda assim, têm sido desenvolvidas análises sobre a possível hereditariedade genética do comportamento criminoso. As conclusões desses diferentes estudos não parecem suficientemente convergentes, nem em termos metodológicos, nem ao nível dos critérios de definição de comportamento antissocial, nem ainda no plano das próprias conclusões.

É de salientar que, se por um lado, vários estudos parecem indicar os fatores genéticos como fazendo parte dos aspectos implicados na origem do comportamento criminoso, por outro lado, também se deve considerar que, em muitos dos casos de crianças adotadas que vêm a manifestar comportamentos delinquentes, os respectivos pais adotivos apresentam um baixo estatuto socioeconômico. Este fato também pode estar na base destes comportamentos, especialmente, no caso dos crimes contra o patrimônio. Então, parece haver um outro fator a ponderar: o da vivência de situações de privação (Gonçalves, 2008).

3.1.2.3. Estudos cromossômicos

Os estudos cromossômicos dizem respeito, não com a herança genética propriamente dita, mas com a possível existência de anomalias na paridade cromossômica. Os sujeitos com comportamento criminoso teriam, de acordo com esta perspectiva, anomalias ao nível dos cromossomas sexuais, que estariam implicados na tendência para a violência e para a manifestação de conduta antissocial.

Estes estudos, desenvolvidos principalmente desde meados da década de 60 do século XX, procuram uma explicação biológica do crime através da análise de eventuais anormalidades cromossômicas. Trata-se de um tipo de explicação baseado na existência de desvios, relativamente ao cariótipo humano normal, em que se verificam alterações estruturais nos cromossomas. O cariótipo humano apresenta quarenta e seis cromossomas organizados em vinte e três pares, dos quais vinte e dois são iguais em ambos os sexos e um é constituído pelos cromossomas sexuais. Estes últimos são do tipo X na mulher e, no homem, um é do tipo X e outro do tipo Y. É sobretudo nos cromossomas sexuais, também denominados gonossômas, que os estudos têm incidido e, no que tange aos indivíduos do sexo masculino, a investigação científica tem-se centrado na denominada *Síndrome de Klinefelter*, que se caracteriza por um cariótipo de quarenta e sete cromossomas, em que se encontra a trissomia XXY. Outro foco de atenção destas pesquisas relaciona-se com a chamada *Síndrome do Duplo Cromossoma Y*, com um cariótipo de quarenta e sete cromossomas e com presença da trissomia XYY. São anomalias muito raras na população geral sendo, de acordo com vários estudos, mais frequentes entre indivíduos com comportamentos criminosos (Dias & Andrade, 1997).

Ademais, conforme Ey (1978), trabalhos de Price e Whatmore e de Hunter têm confirmado a existência de uma relação entre o cariótipo XYY e a delinquência precoce.

Estudos criminológicos, portanto, têm ressaltado mais as aberrações dos cromossomas sexuais, em especial a partir do momento em que se estabeleceram as primeiras relações entre a trissomia XYY e certa predisposição para a delinquência. Vários estudos parecem confirmar uma frequência significativamente maior de XYY em sujeitos criminosos, quando comparados com a população em geral.

Indivíduos com a síndrome XYY apresentam coeficiente intelectual (QI) entre 60 e 80, são impulsivos e de pouca afetividade. Possuem reduzida capacidade de previsão e tendência precoce a delinquir. O pressuposto é de que no gonossoma Y, peculiar ao sexo masculino, reside a raiz da agressividade, razão pela qual uma duplicação desse elemento predisporia a uma conduta particularmente agressiva. Assim visto, essas perturbações no comportamento seriam resultado de um funcionamento defeituoso em nível dos neurônios, em consequência, especificamente, da existência do cromossoma superavitário.

Segundo relato de Frota-Pessoa (1991), que por sua importância e pertinência transcrevemos, "em 1961, publicou-se a primeira descrição de um homem, aparentemente normal, com um Y a mais; portanto, com cariótipo 47, XYY. Isso deu a partida a um conjunto de eventos que criou, para o Y, até mesmo no público leigo, uma aura de notoriedade, já agora na acepção pejorativa de 'famigerado', e ele foi cognominado, de cromossoma assassino".[10]

Jacobs *et al.* (1965) estudando 197 detentos com inteligência subnormal em uma penitenciária da Escócia, encontraram sete com duplo Y (3,5%), enquanto, em um grupo de controle de 2.500 homens da população geral, acharam apenas um. Verificaram, além disso, que os sete delinquentes com XYY tinham, em média, 186cm de altura, contra 170cm dos detentos XY estudados. Firmou-se, então, o quadro da síndrome XYY, de homens com propensão para se envolverem com a justiça, de estatura média maior que a da população a que pertencem e distribuição de Q.I. com média entre 80 e 88.

Em 1968/78 – prossegue Frota-Pessoa (idem) –, o assunto alcançou o grande público, porque a defesa de criminosos com duplo Y conseguiu redução da pena em um caso, na França, e inimputabilidade em outro, na Austrália. No julgamento de R. Speck, que matou oito enfermeiras em Chicago, alegou-se a presença do duplo Y, por ser ele alto e ter retardo mental leve, mas o exame mostrou que o cariótipo era XY. O mesmo aventou-se a respeito do "Bandido da Luz-Vermelha", em São Paulo, mas seu cariótipo mostrou-se 46, XY.

Vários citogeneticistas, investigando populações carcerárias, descobriram, como Jacobs, uma percentagem de XYY que, embora pequena, era 20 ou 30 vezes maior do que a existente na população geral. A questão fundamental é: a constituição 47, XYY predispõe realmente a atos antissociais e à condenação judicial? A pesquisa de Jacobs baseou-se na comparação das frequências de XYY em duas populações – a de detentos e a de homens comuns – que diferiam também no nível intelectual e na estatura. Isso tornava a conclusão pouco segura.

Resultados: Os homens XYY correm um risco de cerca de 42% de entrarem em conflito com a lei e serem condenados, contra um risco de 9% dos homens XY. A estatura dos

---

[10] FROTA-PESSOA, O. *et al. Genética Clínica.* 3ª ed. São Paulo: Francisco Alves, 1978.

homens XYY é, em média, maior do que a dos homens da população que pertencem.

Medidas acauteladoras: Além de depender de predisposições biológicas, como a constituição XYY e o retardo mental, o comportamento delituoso é influenciado, em alta medida, por fatores socioeconômicos e educacionais. Sobre essas influências ambientais talvez seja possível atuar, em casos específicos de meninos com duplo Y, para mitigar a probabilidade de comprometimento criminal. Entretanto, a descoberta de uma criança com duplo Y, seja deliberada ou casual, coloca problemas difíceis.

Ao se interarem do fato, os pais podem desenvolver expectativas sombrias, ou ficar angustiados e inseguros, o que será nocivo à educação da criança. Por outro lado, não revelar o achado vai contra a ética médica e dificulta a adoção de medidas acauteladoras.

Esses empecilhos desencorajam pesquisas prospectivas sobre o desenvolvimento psicológico de crianças com XYY e, mais ainda, qualquer experimentação sobre normas educacionais.

Além disso, teme-se que a identificação de crianças com a síndrome XYY induza à discriminação contra elas ou crie expectativas de criminalidade que as levem a realizar aquilo que delas se espera.

Trabalhos mais extensos (Ratcliff *et al.*, 1961; Walzer *et al.*, 1991; Robinson *et al.*, 1991) estudaram maior número de crianças e adolescentes XYY, em comparação com controles, e confirmaram que eles apresentam mais casos de dificuldades na aprendizagem da leitura, maior irritabilidade, menos cuidado com as regras sociais, ligeira inferioridade média de Q.I e tendência a se isolarem e serem menos apreciados pelos companheiros.

Devem ser apresentados dados concretos, como os de Witkin *et al.* (1972): incidência de 42% de criminalidade em homens jovens com XYY e 9% nos controles (Frota-Pessoa, ibidem).[11]

De qualquer sorte, nunca é demasiado repetir: a delinquência, adulta ou juvenil, é sempre de ordem multifato-

---

[11] *Apud* TRINDADE, J. *Delinquência Juvenil*, op. cit. p., 2002.

rial, não havendo uma única causa que explique por si só tão complexo fenômeno humano.

Como dissemos, as recentes descobertas no campo dos cromossomas renovam as antigas teses do criminoso nato. Porém, não se pode aceitar a fatalidade do fator hereditário, pois a simples tendência ao ato delinquencial não implica necessariamente a realização da conduta, embora possa favorecer seu trânsito em determinadas circunstâncias. Embora possível sua influência causal, os fatores biológicos nunca são exclusivos, devendo ser considerados simultaneamente com outros.

Existem, assim, fortes bases biológicas e provavelmente genéticas para comportamento antissocial, notadamente o reincidente e o psicopata, mas as características de uma pessoa não são isoladas. O delito é o resultado de uma miríade de influências sociais (Rowe, 1994, 2002).

Entre as investigações que se debruçam sobre as possíveis anomalias cromossômicas dos sujeitos com conduta criminosa, pode-se referir aquela de Nielson, realizada em 1970. O autor confirmou uma frequência significativamente mais elevada do trio de cromossomas XYY, em indivíduos com comportamentos criminosos, comparativamente à população geral. No entanto, a investigação apresenta limitações relacionadas com o fato de esses indivíduos serem provenientes de prisões e de asilos. Além disso, estas análises denunciam a presença de aspectos metodológicos conducentes ao possível viés dos resultados (Gotz, Johnstone & Ratcliffe, 1999).

Por seu turno, Taylor, Iacono e McGue (2000) sugerem a existência de uma influência genética mais marcada nas situações de início precoce de comportamentos antissociais. Assim, é possível que as influências genéticas se apresentem de forma muito dinâmica ao longo do trajeto desenvolvimental do indivíduo. Levanta-se a possibilidade de, eventualmente, haver implicação de diferentes genes em diversos períodos do desenvolvimento. É também possível que se encontrem diferentes genes envolvidos em diversos subtipos/evoluções dos problemas de comportamento.

Atualmente, a tendência não aponta para o determinismo do cariótipo sobre os comportamentos, mas para uma predisposição que, sendo afetada por fatores do meio social, pode eclodir na prática de crime. De acordo com Queirós (1998), tudo parece apoiar a existência de fatores de transmissão genética, que estarão na origem de uma maior suscetibilidade do indivíduo poder vir a exibir condutas antissociais. Tal suscetibilidade seria afetada por fatores ambientais que, sendo favorecedores dessas condutas, poderiam levar à manifestação de comportamentos delinquentes. Entretanto, o vasto campo da Biologia oferece outros aspectos explorados, e a explorar, no âmbito dos comportamentos criminosos.

3.1.3. Estudos de caráter orgânico

Com efeito, este é um terreno fértil em estudos na área da delinquência, até porque, ao contrário dos estudos genéticos, os de caráter orgânico possibilitam mais facilmente a experimentação. Trata-se de um conjunto de investigações que procura eventuais associações entre os aspectos estruturais e funcionais do organismo e o desenvolvimento de comportamentos criminosos. Para uma melhor visualização dos estudos, veja-se o quadro 3.3.

Quadro 3.3. Apresentação esquemática dos estudos de caráter orgânico

Estudos de caráter orgânico
Estudos com base no eletroencefalograma
Estudos que envolvem o Sistema Nervoso Autônomo
Estudos que envolvem a disfunção cerebral
Estudos que envolvem fatores bioquímicos e farmacológicos

3.1.3.1. Estudos com base no eletroencefalograma

A partir de meados do século passado, o registo eletroencefalográfico passou a basear algumas das investigações que procuravam uma explicação para as condutas criminosas. Não obstante os resultados dessas pesquisas nem sempre terem se revelado consistentes, há estudos conclusivos a favor de registros eletroencefalográficos "anormais" em indivíduos com práticas delinquentes, ao contrário de outras investigações que apontam para a inexistência de diferenças significativas entre esses registros e os obtidos com populações sem conduta criminosa. Por outro lado, importa salientar que um número considerável de pessoas com comportamentos absolutamente normativos apresenta alterações em termos de registro eletroencefalográfico, o que também leva ao questionamento desses estudos que procuram este tipo de explicação para o comportamento criminoso (Gonçalves, 2008).

Um dos estudos que recorreu para o eletroencefalograma na análise de indivíduos com comportamentos violentos, habituais e ocasionais, foi desenvolvido por Williams em 1969, e concluiu haver 65% dos indivíduos habitualmente violentos com anomalias nos seus registros eletroencefalográficos, enquanto os ocasionalmente violentos revelaram apenas 24% de tais anomalias. No entanto, as conclusões desse estudo acabaram sendo questionadas, uma vez que a amostra era constituída por reclusos e por doentes mentais internados, o que certamente pode ter influenciado os resultados obtidos (García-Pablos, 1988).

Na verdade, estas pesquisas centradas nos registros eletroencefalográficos como forma de explicar a conduta criminosa têm sido largamente questionadas na medida em que se verifica uma reduzida concordância de resultados alcançados por diferentes investigadores. Com efeito, alguns estudos apontam para uma indubitável associação entre os registros eletroencefalográficos e a manifestação de condutas criminosas, ao contrário de outros que concluem pela ausência dessa relação. Por outro lado, não se pode afirmar que exista qualquer evidência de uma ligação entre os registros eletroencefalográficos perturbados num dado momento da vida do indivíduo, e o seu posterior comportamento (Born, 2005).

As pesquisas sobre os eletroencefalogramas com registros menos normais entre populações criminosas têm prosseguido. Algumas dessas análises são recentes, como é o caso do estudo de Zukov, Ptacek e Fischer (2008), que concluiu no sentido da inexistência de particularidades no registro eletroencefalográfico de indivíduos com diferentes tipos de comportamento criminal, à exceção daqueles que são considerados como criminosos agressivos impulsivos. Uma outra análise desenvolvida por Reyes e Amador (2009) mostrou que, em indivíduos diagnosticados com perturbação antissocial da personalidade, e com práticas criminosas violentas, foram identificadas anomalias nos registros eletroencefalográficos, por comparação com um grupo controle. Os autores referem ainda que as anomalias eletroencefalográficas de criminosos violentos poderão refletir aspectos disfuncionais do cérebro, provavelmente relacionados com a conduta antissocial. Então, pode-se afirmar que este tipo de estudos continua a se desenvolver rapidamente, embora se mantenham algumas discrepâncias quanto a conclusões definitivas. Não obstante, a importância de tais investigações é inegável, na medida em que haverá uma contribuição do funcionamento cerebral para o comportamento manifestado por sujeitos antissociais e delinquentes, embora não pareça razoável concluir no sentido de uma relação causal, linear, direta e definitiva.

Raine (1993) sugere que as investigações desta área deveriam proceder a uma avaliação do registro eletroencefalográfico, sobretudo nas zonas cerebrais frontais. Acrescenta que, nestes estudos, deveriam ser solicitadas tarefas que ativassem os lobos frontais, na medida em que há evidências de que as disfunções nessas áreas se relacionam com uma predisposição para a manifestação de comportamentos violentos.

3.1.3.2. Estudos que envolvem a disfunção cerebral

A sugestão de Raine não tem sido ignorada, até porque se têm procurado possíveis ligações entre comportamento e funcionamento de determinadas áreas cerebrais. Assim, dos vários aspectos que foram distinguindo o criminoso, as disfunções cerebrais também entraram em cena. Sobretudo a partir da década de 70 do século passado, assistiu-se a um crescente interesse sobre os estudos centrados em aspectos cerebrais, procurando-se alguma pista para explicar as condutas criminosas.

Sob este ponto de vista, foram desenvolvidas pesquisas centradas essencialmente nos lobos frontal e temporal do hemisfério esquerdo, uma vez que são regiões consideradas responsáveis por atividades associadas a processos de tomada de decisão, de planejamento, de inibição comportamental e de regulação emocional (Gonçalves, 2008). Segundo Queirós (1997), esses estudos focalizam-se na procura de uma associação entre as desordens comportamentais e as lesões cerebrais.

Efetivamente, algumas análises (Raine, Buchsbaum & Lacasse, 1997) encontraram resultados que indicam anomalias ao nível dos processos cerebrais, corticais e subcorticais, que podem predispor os indivíduos para o crime violento. Outras investigações (Aigner *et al.*, 2000) referem a presença de anomalias cerebrais não específicas, que se associam a comportamentos muito violentos e à prática de crimes sexuais. Outros investigadores (Brower & Price, 2001) especificaram a associação entre a lesão frontal e o comportamento do tipo agressivo impulsivo, havendo trabalhos recentes (Raine, 2008) que apontam para a implicação de determinadas áreas cerebrais, especialmente ao nível do córtex frontal, no comportamento antissocial e delinquencial. Contudo, é conveniente salientar que Raine refere a influência do meio ambiente sobre os genes eventualmente implicados nesse funcionamento cerebral específico.

Várias outras pesquisas têm focalizado o sistema límbico, através de análises a indivíduos com tumores ou lesões nesse conjunto de estruturas e, ao que parece, com implicação considerável desse sistema na desinibição comportamental e na exteriorização de violência. Através de um estudo de Pontius, identificou-se uma perturbação no sistema límbico em raras situações de comportamento violento não explicável. Em decorrência, avançou a ideia de que alguns casos de violência poderão ter origem numa perda do equilíbrio entre o córtex frontal e o sistema límbico. Não obstante, são poucas as evidências de que a explicação dos comportamentos criminosos se possa basear nessas teses (Born, 2005).

É importante acrescentar que é extremamente difícil definir as bases neuroanatômicas dos comportamentos humanos. Essas dificuldades devem-se, essencialmente, ao grande desenvolvimento do sistema nervoso central humano. A bem da verdade, deve-se reconhecer a implicação cerebral nos comportamentos, mas não se deve perder de vista a extraordinária complexidade das estruturas que recebem e transmitem informação com diversas proveniências e diferentes destinos. Assim, não seria prudente nem razoável concluir de forma simplista e precipitada sobre a determinância do funcionamento cerebral na conduta humana (Marcelli, 2005).

3.1.3.3. Estudos que envolvem o sistema nervoso autônomo

A hipótese de que o sistema nervoso autônomo esteja implicado na manifestação de comportamentos antissociais e de caráter delinquente partiu das investigações desenvolvidas por Eysenck, segundo as quais o funcionamento do sistema nervoso autônomo pode conduzir a uma predisposição para determinados comportamentos (García-Pablos, 1988). Exemplo dessas pesquisas é o estudo de Raine (1993) que, após a revisão de dez investigações, concluiu haver evidências de que os indivíduos com conduta antissocial apresentam uma baixa atividade eletrodérmica.

Na verdade, algumas investigações têm privilegiado amostras de indivíduos diagnosticados com psicopatia, concluindo que, nesses sujeitos, as respostas do sistema nervoso autônomo a certos estímulos apresentam particularidades dignas de nota. Entre essas respostas, destacam-se os níveis do ritmo cardíaco, a pressão sanguínea, o tônus muscular, a dilatação pupilar e a atividade eletrodérmica (Gonçalves, 2008). Mais concretamente, foram verificados baixos níveis da condutância epidérmica, a par de reações "espontâneas" a certos estímulos ambientais como o ruído (Siegel, 2009). Um dos estudos que concluiu a favor de diferenças significativas a esse nível, entre psicopatas e indivíduos não psicopatas, foi desenvolvido por Loeb e Mednick (1977). Constataram que os sujeitos que viriam a cometer crimes dez anos após terem sido observados tinham revelado uma baixa condutância da pele.

Contudo, importa salientar uma análise realizada por Lorber (2004) sobre noventa e cinco estudos, a qual concluiu no sentido de que certos comportamentos problemáticos, como a agressividade e a presença de traços psicopáticos, apresentavam uma modesta associação ao ritmo cardíaco e à atividade eletrodérmica. Então, também ao nível dos estudos centrados nestes aspectos, encontram-se diferentes conclusões, algumas delas contraditórias.

3.1.3.4. Outros fatores biológicos implicados

Por outro lado, também existem estudos que se realizam recorrendo às amostras sanguíneas para quantificar as concentrações plasmáticas de determinadas substâncias, nas quais se procuram associações ao desenvolvimento de certos comportamentos (Queirós, 1997).

Pode-se dizer que, neste campo, há uma multiplicidade de investigações que procuram averiguar as concentrações orgânicas dos mais variados agentes, tentando associá-los ao comportamento criminoso. A hipoglicemia é um desses agentes, até porque o cérebro obtém a sua energia exclusivamente a partir da combustão de hidratos de carbono. Por isso, a carência de glicose, ou o seu excedente na corrente sanguínea, afetam o metabolismo e, consequentemente, o funcionamento cerebral. Alguns dos sintomas e sinais da hipoglicemia são irritabilidade, aturdimento, confusão, depressão e ansiedade. No âmbito da Criminologia, estes aspectos têm interesse quando se coloca a possibilidade de estarem relacionados com a manifestação de condutas agressivas (Siegel, 2009).

Outro alvo de análises, em termos do comportamento delinquente, é a manifestação de determinadas alergias. Na verdade, tem-se debatido o papel de alergias que, levando a uma resposta imediata, desmedida e invulgar do organismo à presença de certas substâncias que podem alcançar/afetar o cérebro, também são passíveis de originar transtornos emocionais e comportamentais. Não havendo ainda grande apoio empírico para estas perspectivas, a verdade é que certos estados alérgicos podem promover respostas de hostilidade por parte de sujeitos particularmente sensíveis à presença de determinadas substâncias (García-Pablos, 1988).

Também a reduzida taxa de colesterol se apresenta como estando associada às condutas delinquentes. Para que se estabeleça essa ligação, alguns investigadores alegam que certos indivíduos, com baixos níveis de colesterol e simultâneo consumo alcoólico, tendem a exibir comportamentos criminosos. Ora, o que aqui se verifica é que há dois elementos que poderão atuar em simultâneo ou separadamente – baixo colesterol e consumo de álcool. Sabe-se que análises a respeito da associação entre a ingestão de álcool e a violência têm sido realizadas ao longo das últimas décadas (Collins, 1981; Minayo & Deslandes, 1998; Swahn, Bossarte & Sullivent, 2008), pelo que será de considerar a possibilidade de se estar perante situações em que é pertinente atender à associação entre álcool e crime. No entanto, como garantir que baixos níveis de colesterol afetem os comportamentos a ponto de os tornar violentos? De acordo com Gonçalves (2008), pode ser a existência de uma dependência da quantidade de álcool ingerida e das circunstâncias que, cumulativamente, levam a práticas violentas. Como afirmam Kazdin e Buela-Casal (2001), se é verdade que certas pesquisas têm revelado uma associação entre o comportamento agressivo e os baixos níveis de colesterol, não será menos verdadeiro que essa associação se mostra muito abrangente, não havendo bases sólidas que a sustentem.

No que tange aos níveis de testosterona, algumas pesquisas têm evidenciado que valores elevados levam ao desenvolvimento de determinados traços masculinos, como a agressividade. Saliente-se que a generalidade dos detidos não apresenta taxas elevadas de testosterona, enquanto outros presos, autores de crimes mais violentos e com histórico de violência associada a alcoolismo, apresentam concentrações plasmáticas mais elevadas daquele hormônio. No entanto, após uma análise de diversos estudos, concluiu-se que a associação entre os níveis de testosterona e os comportamentos violentos é influenciada pela maior ou menor integração social do sujeito (Kazdin & Buela-Casal, 2001).

Evidentemente, os componentes biológico, social, psicológico e espiritual são indissociáveis e, portanto, haverá implicações de todos no funcionamento conducente ao comportamento criminoso. Em suma, o comportamento humano não tem raízes em um único determinante, havendo uma conjugação de vários fatores para potenciar o desenvolvimento de ações antissociais e delinquenciais.

Síntese do Capítulo III

Algumas características individuais podem constituir fatores de risco. Por isso, neste capítulo foram apresentadas algumas abordagens ao fenômeno do crime, essencialmente baseadas nos aspectos biológicos que podem contribuir para o desenvolvimento de condutas antissociais ou criminais. Efetivamente, algumas teorias apontam para aspectos que, sendo pessoais, podem potencializar as probabilidades de ocorrência de comportamentos delituosos. Para facilitar a compreensão dos variados aspectos biológicos que são investigados e associados ao comportamento criminoso, apresentamos, na próxima página, um esquema representativo dos principais pontos explorados neste terceiro capítulo, da seguinte forma:

Figura 3.1. A busca dos determinantes biológicos do comportamento criminoso

Falhas metodológicas

	Estudos com gêmeos			
Autor (data)	**Número de pares monozigóticos**	**Número de pares dizigóticos**	**Concordância nos monozigóticos**	**Concordância nos dizigóticos**
Lange (1930)	13	17	76%	12%
Rosanoff, Handy e Rosanoff (1934)	33	23	67%	13%
Dalgard & Kringlen (1976)	49	89	Sem diferenças significativas	
Christiansen (1977)	85	147	33%	12%
Raine (1993)	262	345	51,5%	20,6%

Divergência de conclusões

Estudos com irmão adotados	
Autor (data)	**Conclusões**
Crowe (1974)	Influência genética sobre o comportamento criminoso, atravessada por fatores do meio
Cadoret (1978)	Influência genética sobre o comportamento criminoso, compartilhada por fatores como doença mental
Bohman (1978; 1996)	Influência genética sobre comportamento criminoso não significativa, com por alcoolismo e instabilidade do ambiente familiar
Mednick, Gabrielli & Hutchings (1984)	Influência genética sobre comportamento criminoso

Viés

Estudos cromossômicos
Anomalias cromossómicas (como duplo cromossoma X ou Y)

Explicação insuficiente

Estudos de carácter orgânico
Estudos com base no electroencefalograma
Estudos que envolvem o Sistema Nervoso Autónomo
Estudos que envolvem a disfunção cerebral
Estudos que envolvem fatores bioquímicos e farmacológicos

Comportamento humano não tem raízes num determinante biológico

Capítulo IV – Trajetórias transgressivas – fatores psicológicos

> "Refletir é transgredir a ordem do superficial."
> (Lya Luft)

4.1. Fatores psicológicos implicados nas trajetórias transgressivas

Neste capítulo, apresentamos um grupo de perspectivas que procede à associação entre o comportamento criminoso e a presença de fatores de natureza psicológica, mas que afetam o comportamento.

Trata-se de um conjunto de abordagens que focaliza, essencialmente, os elementos individuais que se prendem à personalidade, inteligência e aprendizagem. Evidentemente, esta vertente interpretativa do comportamento criminoso vem se desenvolvendo há muito tempo. Goring (1870-1919) já se dedicava ao estudo das características mentais de indivíduos condenados por crime, tendo encontrado algumas diferenças nesses sujeitos. Referiu aspectos que, como a epilepsia, a insanidade e a presença de défice em termos de "instinto social", integravam aquilo a que denominou *defective intelligence*. Para Goring, o comportamento criminal seria herdado, pelo que deveria haver um controle sobre a reprodução das famílias que tendessem a gerar crianças com problemas mentais. Note-se que também aqui se encontra um traço determinista muito acentuado. Tarde (1843-1904) também estudou as questões relacionadas com o comportamento criminoso que, segundo ele, seria aprendido e reproduzido por processos de imitação, numa vertente interpretativa muito próxima das atuais teorias da aprendizagem (Siegel, 2009).

Desde então, as perspectivas psicológicas sobre o crime e o comportamento do ofensor focalizaram-se em diversos aspectos que afetam as ações das pessoas e podem potencializar a manifestação de ações violentas e até criminosas. Assim, poderemos sintetizar as abordagens em categorias que remetem para diferentes processos, apresentados sumariamente no quadro 4.1.

Quadro 4.1. Focos centrais de algumas perspectivas psicológicas do crime

Perspectivas centradas em fatores psicológicos
Processos intrapsíquicos
Processos de aprendizagem
Processos de tratamento de informação
Processos intelectuais
Processos de personalidade

4.1.1. A focalização nos processos intrapsíquicos

Freud (1865-1939) acreditava que todos os indivíduos transportavam consigo os sinais dos primeiros vínculos, estabelecidos ao longo da infância. A perspectiva psicanalítica assenta precisamente na ênfase colocada sobre forças e impulsos,[12] bem como sobre o seu papel nos processos de desenvolvimento da personalidade. Atualmente, as abordagens psicodinâmicas focalizam-se também nas experiências conscientes e atendem aos fatores sociais e ao papel que esses elementos desempenham em termos de construção da personalidade, muito embora mantenham a atenção predominante sobre os aspectos inconscientes e sobre as primeiras experiências da infância, enquanto vi-

---

[12] Ver, a propósito, a distinção entre impulso e pulsão. FREUD, S. (1924).

vências com grande impacto sobre o desenvolvimento do indivíduo (Siegel, 2009).

Ora, as perspectivas psicológicas incluem teorias sistematizadas e baseadas em estudos que se debruçam sobre a análise de variáveis específicas e do foro psicológico. Neste grupo de modelos e teorias, a psicanálise não poderia ter ficado indiferente à problemática do crime, procurando uma explicação para esse comportamento (Dias & Andrade, 1997; Howitt, 2006). Assim, sob este ponto de vista, o delito seria uma forma de expressão da *pulsão de morte* (*Tanatos*), dirigida para o exterior mediante os esforços desenvolvidos pela *pulsão de vida* (*Eros*) (Fischer, 1994; Koudela, 2007). Então, a agressividade teria origem na pulsão de morte e, por interferência da pulsão de vida, deslocar-se-ia em direção ao outro, num movimento conducente à exteriorização de condutas tendencialmente destrutivas sobre os demais (Freud, 1924).

No entanto, convém frisar que a história da psicanálise reflete o desenvolvimento de diferentes grupos e escolas, com diversos pontos de vista e interpretações algumas até mesmo antagônicas. Freud procedeu, também ele, a várias alterações sobre alguns aspectos da abordagem psicanalítica (Pervin & John, 2004). Ainda assim, as diferentes perspectivas e escolas que foram se afirmando ao longo do tempo acabaram por se enquadrar no espírito que preside à metapsicologia freudiana, enquanto suporte teórico da psicanálise, que vai sendo construída incessantemente com base na experiência clínica, em que vão se extraindo informações para se prosseguir num trabalho de constante reformulação, sempre em curso e sempre mutável (Mijolla & Mijolla-Mellor, 2002).

Portanto, não será de estranhar a existência de diferentes visões acerca do fenômeno da delinquência, entre aqueles que se enquadram no marco da tradição psicanalítica. O contributo psicanalítico para o estudo do crime inicialmente surgiu em uma época em que imperava a explicação biológica, na versão atávica de Lombroso, sendo que a psicanálise introduziu a existência de determinantes de natureza psicológica, contribuindo, assim, para o aparecimento de uma orientação alternativa (Cusson, 2005). Com a introdução dos aspectos inconscientes, a perspectiva psicanalítica cooperou no sentido de uma melhor compreensão das dinâmicas subjacentes ao comportamento humano e, é claro, à conduta delinquente.

Vários autores da vertente psicanalítica dedicaram o seu estudo ao fenômeno da conduta antissocial, como foi o caso de Alexander, em 1968. O autor referiu a *neurose de caráter* como estando presente nos casos designados por "neurose de destino", "loucura moral", "personalidade psicopática" e "personalidade impulsiva". A neurose de caráter distingue-se por exteriorizar as pulsões, não as recalcando. Alexander considerou que os indivíduos portadores deste problema poderiam ter uma vida social e profissional normais. Assim, estas situações seriam uma forma de adaptação a uma educação punitiva, em que a neurose de caráter seria agravada por medidas repressoras e punitivas, carecendo de um tratamento que rompesse com a busca do castigo como forma de alívio para a culpa sentida pelo sujeito. Seria esse processo que levaria o indivíduo a praticar o crime, procurando a punição para, assim, aliviar a sua culpa (criminosos por sentimento de culpa). Estar-se-ia, então, diante de um círculo fechado que, segundo Alexander, teria de ser quebrado (Gonçalves, 2008).

Efetivamente, pode-se referir um Modelo Geral Psicanalítico que aponta o crime como expressão da quebra do poder do *Super-Ego* relativamente ao *Ego* que, dessa forma, acaba por ceder aos desejos impostos pelo *Id*. Então, independentemente do tipo de crime, a sua função seria a de satisfazer simbolicamente os instintos provenientes do *Id*. Não obstante, no indivíduo respeitador das normas, não se verificaria a manifestação de atos considerados criminosos. Nessa situação, o *Ego* não levaria à concretização do comportamento, havendo no indivíduo uma *criminalidade latente*. Este tipo de criminalidade se manifestaria por fantasias de índole criminosa, que poderiam ser passivas ou ativas. As primeiras estariam relacionadas com o ato de imaginar, em pormenor, um acontecimento de que resultasse a morte de alguém, por exemplo. As segundas, designadas por ativas, seriam alcançadas pela imaginação do crime executado, isto é, posto em ação (*iter criminis*).

Assim sendo, poder-se-ia afirmar hipoteticamente que dentro de cada indivíduo habita um delinquente que, de forma latente, poderia avançar, a partir de fantasias criminosas e, progressivamente, alcançar a prática real e concreta do crime. Por vezes, a ação seria substituída pelo crime simbólico, e o indivíduo alcançaria, assim, a satisfação dos seus instintos sem concretização do delito. No entanto, poderia acontecer que o indivíduo, num processo de escalada, acabasse por passar à *criminalidade real* (Cusson, 2005). Esse processo pode ser percebido de forma mais global através da observação da figura 4.1.

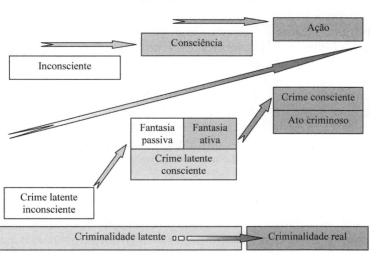

Figura 4.1. Esquema do Modelo Geral do crime sob o ponto de vista psicanalítico (adaptado de Cusson, 2005)

No entanto, e apesar do inegável contributo deste ponto de vista para se perceber o poder de influência de aspectos que, mais ou menos conscientes, afetam os comportamentos, torna-se necessário questionar se esta vertente interpretativa basta para explicar algo tão complexo como a conduta criminosa. Logicamente, esta abordagem oferece apenas uma leitura parcial, sendo imperativo que se analisem outros elementos, como, dentre tantos, a capacidade de aprendizagem do indivíduo.

4.1.2. A focalização nos processos de aprendizagem

Durante um congresso do Partido Socialista francês, em 1990, após uma intervenção entusiasticamente aplaudida, alguns integrantes da assistência confundiram um grupo de jornalistas com os responsáveis do partido, e reclamaram junto deles a remuneração previamente combinada. Os jornalistas, após alguns momentos de estupefação, rapidamente perceberam o sistema engendrado, pelo que o político em causa acabou por ser demitido. Na verdade, estudantes e desempregados haviam sido contratados para, mediante retribuição pecuniária, encenarem o entusiasmo manifestado (Leyens & Yzerbyt, 1999).

Por mais deplorável e ofensiva que a estratégia pareça aos espíritos mais democráticos, é forçoso reconhecer a perspicácia e o conhecimento relativamente à natureza humana. Aliás, esta é uma fórmula inspirada no fenômeno da "claque", cuja origem remonta a 1820, no contexto dos espetáculos de arte lírica. Na verdade, o acontecimento relatado ilustra a forma como os atos dos outros acabam por modelar os comportamentos de cada indivíduo. A aprendizagem social é um tema central da Psicologia Social e está subjacente a esta engenhosa estratégia política. Os fundadores da perspectiva da aprendizagem social defendiam que a imitação se apresentava como um processo de influência sobre os comportamentos das pessoas (Leyens & Yzerbyt, 1999).

É precisamente nesse ponto que incidem as Teorias da Aprendizagem Social, que preconizam a existência de uma influência do grupo sobre o indivíduo, uma vez que a conformidade jovem/grupo condiciona certos comportamentos, entre os quais se podem referir o furto, o roubo, o consumo de drogas, o abandono escolar e outros que decorrem de um processo de aprendizagem com base na imitação ou na modelagem (Benavente, 2002).

Dollard e Miller, em 1941, desenvolveram uma teoria que propõe a probabilidade de o indivíduo se comportar de determinada forma, designada por *hábito*, como sendo estabelecida por impulsos adquiridos. Assim, mediante uma hierarquia aprendida, o sujeito desenvolverá certos comportamentos em situações determinadas. A aprendizagem de que certa forma de agir, em determinada situação, pode gerar uma recompensa, constitui a *hierarquia de hábitos*. Então, muitos dos comportamentos das pessoas são definidos em função desse aprendizado que resulta das experiências do indivíduo. A adoção dos comportamentos é também determinada pela existência de possibilidade de reforço, que é geralmente de natureza social e advém da observação de outras pessoas ou modelos, em contexto social (Friedman & Schustack, 2004).

Desde 1941, com o contributo de Dollard e Miller, que a aprendizagem começou a ser vista, também, como resultante das consequências das ações observadas nos outros. Atualmente, a ideia da aprendizagem vicariante é consensual. Para tanto, contribuiu largamente Bandura, que iniciou os seus trabalhos na área da aprendizagem nos anos 50 do século XX (Howitt, 2006).

Bandura (1982) representou a abordagem moderna sobre os processos de imitação comportamental, em que distinguem duas grandes etapas:

    a) A primeira, de *aquisição*, em que o indivíduo procede à observação do comportamento exteriorizado pelo modelo. Nesta etapa, as funções predominantes são a atenção e a retenção do comportamento observado;

    b) Na segunda, denominada por *desempenho*, o sujeito passa a reproduzir espontaneamente o comportamento anteriormente observado e retido.

É claro que a influência do comportamento dos outros sobre cada indivíduo acaba por se manifestar mais em algumas situações do que em outras. Bandura realizou várias experiências que lhe permitiram concluir que a imitação era muito mais aleatória quando o modelo era sancionado pelo seu comportamento. Essas conclusões levaram-no a depreender que a reprodução de um comportamento, por parte do observador, é influenciada pelas consequências da conduta observada. Então, os reforços, ainda que apenas observados nos outros, têm impacto no processo de aprendizagem social (Hansenne, 2004).

A proposta de Bandura avançou com as duas grandes etapas antes referidas, que incluem quatro fases sequenciais a distinguir (Bandura, 1982):
a) Na primeira fase, verifica-se a *confrontação* com o executor do comportamento a observar (ou observado). Essa observação levará a uma melhor aprendizagem se houver uma atenção focalizada em aspectos essenciais e apelativos do modelo;
b) Na segunda fase, a da *representação simbólica*, acontece uma integração de representações, mediante a comparação com memórias previamente existentes;
c) A terceira fase é aquela em que se verifica a *reprodução* do comportamento. A eficácia dessa reprodução dependerá das habilidades pessoais do reprodutor da conduta, das competências já adquiridas a esse respeito, da familiaridade com aquela situação e da informação recebida e integrada sobre o comportamento em causa;
d) Por último, a quarta fase liga-se às *consequências* da reprodução do comportamento, bem como às expectativas do reprodutor da conduta.

Assim, uma boa parte dos comportamentos humanos é adquirida através da aprendizagem vicariante, ou seja, pela observação dos comportamentos e das respectivas consequências, nos outros. Dessa forma, o indivíduo não se limita a copiar passivamente o comportamento observado, mas faz uma análise crítica e afetada por aspectos de cariz pessoal (Hansenne, 2004).

De fato, segundo Bandura (1982), também o comportamento delinquente é aprendido, uma vez que os indivíduos não são portadores de um repertório comportamental prévio ou inato, sendo antes detentores da capacidade de aprender novas respostas e diferentes padrões de conduta, quer pela própria experiência, quer pela observação das experiências alheias. As consequências que decorrem dessas respostas têm uma influência marcante sobre a possibilidade de manifestação de certos comportamentos. Dessa forma, o indivíduo vai aprendendo novos comportamentos que o levarão, por sua vez, a viver experiências, também elas fontes de aprendizagem. Além da observação da conduta e das suas consequências, devem considerar-se os sistemas de autorregulação e de simbolização, dos quais decorrem as capacidades de análise e de reação face às próprias condutas. O autorreforço proporciona uma atribuição de recompensas mediante as quais o indivíduo melhora e/ou mantém determinada conduta. Então, os comportamentos delinquentes, como todos os outros, dependem de aprendizagens levadas a cabo em função do observado nos outros e/ou experienciado pelo próprio, sendo também função da presença de condicionamentos externos como o reforço ou a punição e, acrescente-se, dependendo ainda de uma mediação cognitiva por parte do sujeito que detém a capacidade de simbolizar, de autorreforçar e de apreciar as suas próprias ações (Bandura, 1982).

Os princípios da Teoria da Aprendizagem Social têm inspirado inúmeras pesquisas em áreas muito diversas (Muro & Jeffrey, 2008) mantendo-se, ao longo das últimas quatro décadas, como uma das teorias subjacentes a muitos estudos da área da Criminologia (Pratt, Cullen, Sellers *et al.*, 2010). Por outro lado, trata-se de uma teoria que vem sendo integrada, em complementaridade com outras abordagens, em várias conceitualizações sobre o crime.

Sutherland, em 1937, baseou-se na Teoria da Aprendizagem Social de Bandura, e iniciou os primeiros passos para a elaboração da Teoria da Associação Diferencial, relacionada com o desenvolvimento de condutas criminosas e, mais tarde, concluída por Cressey. Os pressupostos básicos desses autores foram os seguintes (Meier, 1989):
 a) O comportamento do criminoso é aprendido, tal como acontece com qualquer outro tipo de conduta;
 b) Essa aprendizagem é constituída por processos comunicacionais, de interação com outras pessoas;
 c) A aprendizagem processa-se no seio de grupos pessoais íntimos;
 d) Essa aprendizagem inclui o desenvolvimento de técnicas de execução do crime, bem como de instruções específicas quanto a motivos, impulsos, racionalizações e atitudes face ao crime;

e) Essas instruções específicas, quanto a motivos e a impulsos, são aprendidas com base nas definições dos códigos legais e definem-se como favoráveis/ desfavoráveis à transgressão;
f) Por consequência, o indivíduo torna-se delinquente pelo excedente de definições favoráveis à violação da lei, em detrimento das definições desfavoráveis a essa violação;
g) A associação diferencial pode ser variável em frequência, duração, prioridade e intensidade;
h) O processo de aprendizagem do crime envolve os mecanismos presentes em qualquer outra aprendizagem;
i) O comportamento criminoso é a expressão de valores e de necessidades gerais, que não explicam esse tipo de conduta, uma vez que o comportamento não criminoso é, também ele, a expressão de valores e de necessidades.

O centro desta teoria baseia-se, fundamentalmente, na ideia de que o indivíduo se torna criminoso por um excedente de definições favoráveis à violação da lei, em detrimento das definições desfavoráveis a essa violação. Assim, se o indivíduo se associa a padrões criminosos, em detrimento dos não criminosos, muito provavelmente apresentará uma adesão ao crime. Segundo os autores da teoria, a aprendizagem do crime é fruto de um contato excessivo com comportamentos criminosos e com aqueles que os praticam, daí decorrendo uma *associação diferencial*, em que aqueles que se associam a padrões criminosos diferem dos que se associam a padrões não criminosos (Sutherland, Cressey & Luckenbill, 1992).

Efetivamente, as sociedades constituem-se de pessoas diferentes, em que algumas se inserem numa tradição do crime e outras não. Essa tradição do crime está subjacente, por exemplo, ao desenvolvimento da criminalidade em grupo nos centros urbanos. Contudo, e muito embora esta ideia tenha contribuído para as teorias mais atuais, a sua demonstração empírica continua a revelar-se difícil (Meier, 1989).

Esta abordagem, no entanto, acabou por ser alvo de novos desenvolvimentos. Assim, já em meados da década de 50 do século passado, Glaser deu o seu contributo para enriquecer a Teoria da Associação Diferencial, que não tinha em consideração alguns determinantes pessoais que participam na tomada de decisão quanto aos comportamentos a reproduzir. De acordo com a perspectiva de Glaser, a adesão a padrões comportamentais criminosos apenas levaria o indivíduo a reproduzir essas condutas se houvesse, da sua parte, uma identificação com elas. Trata-se da *identificação diferencial*, que assenta num processo de racionalização do comportamento e que passa, inevitavelmente, por uma identificação do sujeito com esse tipo de ações (Gonçalves, 2008).

Posteriormente, a teoria de Sutherland foi alvo de uma nova análise por parte de Burgess e Akers, que lhe adicionaram o conceito de *reforço diferencial*. Esse novo conceito traduziu a ideia do condicionamento operante, em que a probabilidade do indivíduo reproduzir uma determinada conduta aumenta tanto mais, quanto no passado essa opção comportamental tiver conduzido à satisfação do sujeito (Akers, 2009). Assim, Akers defende a ocorrência de determinados comportamentos em função do reforço alcançado anteriormente com a sua manifestação. A verdade é que a conduta criminosa não resulta de tendências inatas, mas primordialmente de aquisições de normas, valores e atitudes favoráveis à prática delinquente em determinadas situações, em que tais normas, valores e atitudes são aprendidos com os outros e são adotados, também, em função da satisfação anteriormente obtida com essas manifestações comportamentais (Meier, 1989).

Desta forma, Akers procurou uma nova versão teórica baseada na teoria de Sutherland e, para tanto, partiu de sete ideias básicas (Gil, 2004):
1) O comportamento desviante é aprendido segundo os princípios do condicionamento operante;
2) Essa aprendizagem ocorre tanto em situações de interação, como em situações não sociais;

3) Fundamentalmente, a conduta desviante é aprendida no seio dos grupos que constituem maior fonte de reforços individuais;
4) Tais aprendizagens incluem técnicas específicas, atitudes e procedimentos, estando dependentes de reforços e de contingências reforçadoras;
5) O comportamento específico, a sua direção no sentido da norma ou do desvio, bem como a frequência da sua manifestação, dependem dos reforços efetivamente obtidos e das definições que, no passado, tenham acompanhado esses reforços;
6) A probabilidade de que um indivíduo adote um comportamento observado depende do reforço diferencial desse comportamento;
7) O grau de desvio da ação depende da quantidade, da frequência e da probabilidade de ocorrência do respetivo reforço.

Estas ideias básicas alicerçam a interpretação de Akers, que pretendeu tornar mais rica a Teoria da Associação Diferencial, numa lógica de raciocínio assente em quatro grandes pilares. Esses quatro pontos basilares traduzem ideias provenientes de outros autores e são os seguintes (Cusson, 2005):

1) O pilar da *associação diferencial*, que segue a ideia de Sutherland, considerando que a aprendizagem do desvio é desenvolvida no seio de grupos, como a família e os pares, em que o indivíduo é exposto a definições, modelos e reforços no sentido do desvio;
2) O pilar das *definições*, como um conjunto de atitudes face ao desvio. Essas definições podem ser de caráter positivo e favorecedor do desvio, ou podem ser de caráter neutralizante, justificando e racionalizando o ato desviante, à semelhança do descrito nas técnicas de neutralização apontadas por Sykes e Matza (1957);
3) O pilar da *imitação*, em que o poder de influência do comportamento observado depende do prestígio do modelo cuja forma de atuação poderá ser imitada, como uma ideia que vai ao encontro da

imitação proposta por Tarde em 1890, que defendia que o crime seria ou não praticado, em função dos processos de imitação;
4) O pilar do *reforço diferencial*, como um balanço ponderado entre punições e recompensas obtidas no passado e, no presente, antecipadas como consequências do comportamento a manifestar.

Dessa forma, o indivíduo enveredaria por comportamentos delinquentes, em desfavor dos normativos, dependendo da satisfação anteriormente obtida com esse tipo de conduta. Essa proporcionalidade entre a reprodução de comportamentos criminosos e a gratificação alcançada no passado com esse tipo de ações, acabaria por se refletir na dimensão, na frequência e na probabilidade de ocorrência dos atos delinquentes praticados pelo indivíduo (Gonçalves, 2008). Então, seria estabelecida uma relação circular de perpetuação do crime, uma vez que o comportamento criminoso seria mantido pela ação delinquente de grupos que produzem indivíduos delinquentes que, por seu turno, subsidiam a manutenção desses grupos por via da sua identificação com eles e das experiências de satisfação anteriormente retiradas da prática do delito.

Finalmente, parece pertinente lembrar que Cloward e Ohlin, em 1960, estabeleceram uma ligação entre a Teoria da Associação Diferencial e a perspectiva da anomia. Nesse sentido, acrescentaram à identificação necessária para que o indivíduo aderisse a condutas criminosas uma outra condição relacionada com o fato de existir, para o sujeito, essa alternativa como uma possibilidade. Dito de outra forma, o sujeito aderiria à prática do crime, não só porque se identificaria com ela, aprenderia sobre ela e apresentaria um excedente de definições favoráveis à violação da lei, mas também porque a subcultura de desvio lhe ofereceria *oportunidades* de integração (Born, 2005).

Já para Feldman, os diferentes momentos definidos no processo de aprendizagem social são afetados por múltiplos fatores, genéticos, situacionais e comportamentais, cujo peso específico e interação influenciam a aquisição e a manutenção do comportamento delinquente. Trata-se de um modelo integrador e muito complexo que se apoia na ideia da aprendizagem de comportamentos como estando afetada pela influência conjunta e interativa de uma predisposição individual, de caráter genético e que está particularmente implicada na aquisição das condutas delinquentes, a que se juntam fatores situacionais, que afetam sobretudo a manutenção dessas condutas, e a que se acrescentam as variáveis associadas à aprendizagem como fatores criminógenos que interagem com os anteriores e estão implicados na aquisição e na realização do ato transgressivo (Garrido, 1984).

No que respeita à predisposição individual de ordem genética, o autor baseia-se na Teoria de Personalidade proposta por Eysenck, como forma de explicar a aquisição de respostas favoráveis ou desfavoráveis à lei. Na verdade, sob este ponto de vista, pode-se aprender a delinquir ou a não o fazer, em função do processo de socialização, do reforço diferencial, da modelagem e dos aspectos situacionais. A manutenção do comportamento delinquente adquirido será consequência de processos cognitivos de justificação das próprias condutas, e dos reforços obtidos com as próprias ações transgressivas. Após aquisição do modelo criminal, as variáveis situacionais podem promover a sua manutenção, por via da execução desses comportamentos (Garcia-Pablos, 1988).

4.1.3. A focalização nos processos de tratamento de informação

Esta vertente, centrada nos processos de tratamento de informação, põe em destaque aspectos cognitivos e, portanto, concentra a sua atenção nos processos mentais, na forma como as pessoas percebem e representam o mundo, como processam, codificam, guardam, recuperam e manipulam a informação, procurando tomar decisões e resolver problemas. Realmente, as pesquisas desenvolvidas por Piaget, na década de 30 do século passado, abriram portas ao conhecimento do desenvolvimento do indivíduo em termos intelectuais para, posteriormente, avançar desta vertente para o funcionamento global das cognições (Siegel, 2009).

Ora, a maneira como as pessoas percebem e trabalham a informação parece estar implicada na forma como respondem, mais ou menos agressivamente, a determinadas situações. Em 1986, Dodge propôs um modelo explicativo da conduta agressiva infantil, apoiado nos mecanismos de tratamento da informação. Posteriormente, e sob esse ponto de vista, Dodge e Nicki (1996) basearam-se na descrição da forma de processamento da informação social para proceder a uma aplicação do modelo cognitivista à problemática dos comportamentos agressivos. Assim, de acordo com Dodge, Pettit, McClaskey & Brown (1986), o tratamento da informação social apresentaria distorções e défices que estariam na base do desenvolvimento de condutas violentas. Esse desenvolvimento processar-se-ia mediante cinco fases que poderiam ser objeto de perturbações e, por seu turno, potencializar o desencadear de atos agressivos.

Então, a partir do sistema sensorial, haveria a *percepção de uma situação* com análise das respetivas informações. Ora, a percepção da situação global requer uma visão complexa e matizada dos vários índices a assinalar, o que não ocorreria com a criança agressiva que, não procedendo à busca de novos índices, teria uma visão simplista de toda a situação. Há, portanto, uma codificação com défice dos índices de informação percebidos. Subsequentemente, entrar-se-ia no componente de *seleção da ação*, mediante a recuperação de um repertório comportamental para reorganizar de forma adaptativa a situação concreta. Aqui, a motivação e o sentido da ação definem-se em relação às motivações habituais que, no caso da criança agressiva, tendem a ser de domínio, vingança ou desejo de controle sobre os outros. Uma vez selecionada a finalidade da ação haveria a *elaboração da resposta* adequada a essa finalidade. O motivo da ação na criança agressiva, neste caso, não se relaciona com a aparente inadaptação social de sua resposta, mas com a eficácia dessa resposta em conformidade com a finalidade a alcançar. A produção da ação seria, então, decidida em função dos desvios cognitivos relativos ao resultado a obter (Dodge, Pettit, McClaskey & Brown, 1986).

Na verdade, a criança não considera que, do seu comportamento, advenha mal algum, mas apenas que dessa conduta retirará eficazmente um benefício, um aumento de autoestima e a admiração do grupo, sem considerar que daí possa resultar algum efeito prejudicial. Assim, a resposta emitida com determinação seria a garantia da eficácia do resultado, em convergência com as finalidades perseguidas (Dodge, Pettit, McClaskey & Brown, 1986). O esquema que segue permite visualizar globalmente a sequência de fases do processo cognitivo conducente ao desencadeamento do comportamento, conforme a figura 4.2.

Figura 4.2. Modelo Cognitivista de Passagem ao Ato Agressivo
(Dodge, 1986; adaptado de Born, 2005)

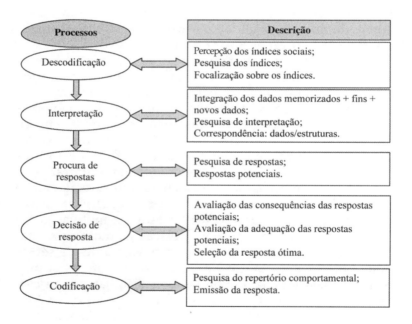

De acordo com o esquema, há uma *descodificação* da informação percebida, com focalização limitada a alguns índices de informação, não abarcando a totalidade da situação. Desencadeia-se depois a *interpretação* que conjuga as informações percebidas com as memorizadas a partir de situações anteriores, numa procura da correspondência entre os dados da situação concreta e os programas de procedimentos já mentalmente estruturados. Segue-se uma *procura de respostas* que, potencialmente, se enquadrem naquela situação determinada. Após uma avaliação das consequências e da adequação das respostas, surge a *decisão* em favor da resposta comportamental considerada ótima. A emissão de resposta ocorre sempre depois da pesquisa feita em um repertório comportamental disponível. Então, há uma integração dos dados para, após criteriosa análise, ser tomada uma decisão quanto à resposta a emitir, mediante um processo racional e decisório.

Assim, ao nível da decodificação, e no caso do indivíduo com práticas delinquentes, poderá verificar-se a existência de um défice dos diversos índices de informação percebidos a respeito da situação concreta em que se encontra o sujeito num dado momento. Esse défice, que poderia já existir na infância, conduz a uma seleção da ação limitada por índices deficitários, sendo, também, função de um repertório comportamental tendencialmente agressivo. Consequentemente, a decisão de resposta estará afetada pelas fases anteriores do processo, além de que a avaliação das consequências da ação será, também ela, afetada por desvios cognitivos. Assim sendo, a resposta comportamental criminosa passa pela recuperação de respostas agressivas que funcionam desde a infância, sendo função de distorções cognitivas, quer na análise dos índices de informação, quer na avaliação dos mesmos, tendo sempre em vista o alcance das finalidades definidas pelo sujeito.

O estudo da intenção comportamental e dos fatores cognitivos invocados nos processos de tomada de decisão está interligado às investigações sobre o raciocínio moral, bem como à tradução que esse raciocínio tem na conduta do indivíduo. Essa intenção comportamental não é apenas determinada pelo pensamento, mas também pelos valores, pela avaliação subjetiva e ponderada de custos e de benefícios, e por alguns fatores de personalidade (Born, 2005).

Sobre esta conceitualização teórica, Born e Goffin, em 1999, elaboraram um modelo para tentar explicar, tanto a conduta antissocial, quanto o comportamento socialmente adequado, através dos processos de tratamento de informação, nos quais integraram o processo referencial. Assim, a interpretação de uma situação concreta passaria por uma avaliação de carácter atrativo ou repulsivo da ocorrência, do objeto ou da pessoa em questão. Então, o que aqui estaria em jogo seriam as percepções do indivíduo relativamente às pessoas e às suas necessidades e afetos. Born (2005) procurou ilustrar esse processo, apelando ao exemplo do sujeito que, manifestando uma conduta antissocial, poderia ter percebido a necessidade do outro, decidindo simplesmente não lhe prestar atenção e, neste caso, a percepção da necessidade do outro seria correta, muito embora acompanhada de uma total ausência de empatia. Pelo contrário, o mesmo sujeito poderia simplesmente não ter percebido a necessidade do outro e, neste caso, o seu comportamento teria resultado de uma interpretação incorreta, decorrente da incapacidade do indivíduo se descentrar de si, numa manifestação de extremo egocentrismo.

Por outro lado, o reconhecimento de comportamentos potenciais funda-se no repertório comportamental de cada pessoa, sendo mais facilmente mobilizadas aquelas respostas que adquiriram a força do hábito. Isto se verifica tanto no caso das condutas antissociais, quanto na manifestação de comportamentos socialmente adequados. A partir desse leque de condutas, e tendo em consideração os valores, as motivações e as expectativas do indivíduo, surgiria a intenção comportamental, a vontade de agir num determinado sentido e com certo objetivo em vista. Contudo, essa vontade de agir nem sempre resultaria na manifestação de um comportamento concreto. Efetivamente, o indivíduo poderia simplesmente não agir. Independentemente da resposta comportamental ser normativa ou antissocial, ou de simplesmente não se verificar qualquer comportamento manifesto, a forma como o sujeito vai reagir terá consequências que serão por ele interpretadas como um *feedback*. Essa informação de retorno, por sua vez, poderá condicionar futuras tomadas de decisão, conforme se pode constatar através da figura 4.3. que ilustra, na página seguinte, esquematicamente o modelo.

**Figura 4.3. Modelo de Born e Goffin
(1999; adaptado e ampliado de Born, 2005)**

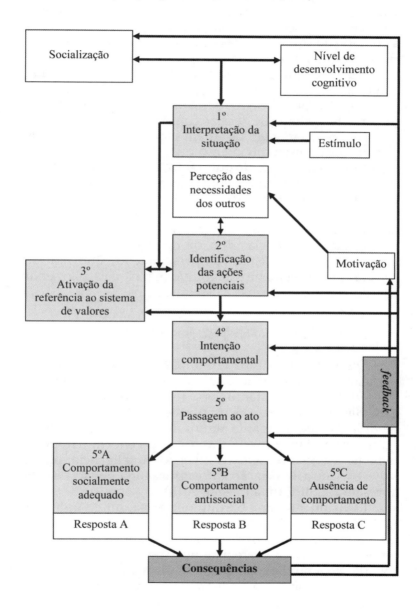

A partir do esquema apresentado na figura 4.3., pode--se verificar que a ativação do sistema de valores do indivíduo está em ligação com os valores morais transmitidos na educação recebida. A intenção comportamental define a vontade de agir e o propósito dessa ação, o que constituiria, em termos legais, a premeditação do ato. O desencadear do ato e o tipo de ação pela qual o indivíduo decide, conduzirão a consequências que são o *feedback* percebido pelo sujeito. Esse *Feedback* será futuramente considerado numa outra tomada de decisão comportamental. Acrescente-se que as consequências atuam sobre as decisões futuras por meio do desenvolvimento da socialização e do sistema motivacional. Dito de outra forma, os comportamentos do indivíduo integram e, simultaneamente, influenciam a trajetória de vida. Os elementos referenciais interatuam no momento precedente ao ato, havendo consideração e análise da situação concreta, num processo avaliativo que é função das experiências de vida do sujeito, e mediante a presença de características da personalidade que, note-se, é portadora de elementos cognitivos e racionais, não sendo contudo reduzida apenas a esses aspectos.

4.1 4. A focalização nos processos intelectuais

Desde cedo, muitos criminologistas acreditaram na existência de uma ligação entre o crime e a inteligência (Siegel, 2009). No entanto, essa relação se mantém como uma das mais controversas questões da Criminologia, na medida em que, enquanto alguns investigadores concluem que o comportamento social agressivo se encontra frequentemente associado a baixos níveis de inteligência, outros sugerem que a associação entre crime e inteligência não se apresenta significativa (Siegel, 2010).

Efetivamente uma baixa inteligência, sendo indicadora de pobres capacidades de aprendizagem, pode significar que o sujeito corre riscos desnecessários, apresenta falhas em termos dos recursos a serem mobilizados para evitar ser descoberto etc. Entretanto, alguns dos elementos que têm sido identificados como associados ao crime, também se revelam potencialmente ligados a uma baixa inteligência, como é o caso do fracasso escolar e das reduzidas habilidades para desenvolvimento de processos de tomada de decisão. Não obstante, poucos psicólogos das áreas forense ou criminal entendem a inteligência como uma característica particularmente importante para explicar o crime (Howitt, 2006).

Ainda assim, alguns estudos têm sido realizados a partir da hipótese de que haverá uma relação entre crime e inteligência, uns focalizando o desenvolvimento da linguagem e a sua possível ligação com o posterior comportamento criminoso (Statin & Clackenberg-Larsson, 1993), outros debruçando-se sobre a inteligência mediada por variáveis relacionadas com a escola (Hirschi & Hindelang, 1977), e outros ainda centrados na inteligência e nas características de personalidade dos ofensores (Langevin, Paitich, Orchard, Handy & Russon, 1982). Não obstante, algumas investigações optam por fazer a distinção entre os comportamentos agressivos e outras condutas que, podendo acompanhar a agressividade, devem ser diferenciadas. Foi essa, aliás, a linha seguida por McGee, Williams e Silva (1984), cujo estudo levou à conclusão de que a agressividade parece não estar associada a défices, mas ligada com a hiperatividade. Concluíram também a favor de uma associação significativa entre problemas ao nível da leitura e a coocorrência de hiperatividade e de agressividade.

Atualmente, entende-se a inteligência como um construto muito complexo, que abarca diferentes tipos ou classes, admitindo-se a possibilidade de que diferentes tipos de inteligência terão um impacto indireto, maior ou menor, em comportamentos delinquentes específicos, na medida em que se trata de uma dimensão implicada em aspectos como o percurso escolar, o desenvolvimento moral, o autocontrole e a possibilidade de acesso aos objetivos do sujeito por vias legítimas (García-Pablos, 1988). Contudo, e a despeito das interpretações que associam o comportamento criminoso a baixos níveis de inteligência, parece também óbvio que certos tipos de crime se ligam a uma inteligência elevada (Williams, 1982).

Em suma, dada a diversidade de conclusões que se vão encontrando a este respeito, pode-se afirmar que, como bem refere Howitt (2006), a inteligência constitui um aspecto de menor influência sobre a criminalidade, comparativamente com outras dimensões ou variáveis, sobretudo de natureza social. É ainda de salientar que o funcionamento global do indivíduo, não estando desfasado de uma multiplicidade de aspectos como a inteligência, revela-se como tendo grande influência na manifestação de comportamentos criminosos. Por isso, a personalidade não poderia deixar de ser considerada nesse panorama.

4.1 5. A focalização nos processos de personalidade

> "Cada indivíduo renuncia (...) a uma parcela (...) das inclinações vingativas ou agressivas de sua personalidade."
> (Freud, 1908, p. 31).

No âmbito das análises da prática de delito, não se poderiam deixar de referir as perspectivas que procuraram trazer luz à problemática através do estudo da personalidade e das suas características mais marcantes. É claro que a personalidade sempre ocupou um lugar de destaque na análise do comportamento humano, sendo também muito explorada em termos de uma melhor compreensão das condutas criminosas, pelo que, por razões óbvias, somente apresentaremos algumas vertentes interpretativas.

Na década de 50, Cattell propôs uma dessas interpretações, referindo a anormalidade estatística e funcional relativamente às normas morais e sociais por parte dos indivíduos com inadaptação escolar, bem como dos que apresentavam comportamentos delinquentes. Embora não reconhecendo a presença de uma síndrome, Cattell identificou a utilidade de definir a personalidade criminosa quanto aos desvios de certos fatores. Nesse sentido, a população delinquente teria índices mais elevados de dominância, de autoconfiança e de autonomia, a par da manifestação de tendências para a instabilidade afetiva, bem como de uma disposição para perturbações afetivas, somáticas e neuróticas, sendo notória uma má integração de caráter (Born, 2005).

Pinatel guiou-se pela análise dos défices individuais, avançando com uma teoria que inclui traços comuns à personalidade do delinquente, o qual apresentaria défices ao nível de alguns desses traços. Referiu-se a uma especificidade existente no criminoso, que seria caracterizada pela hipertrofia dos traços nucleares da personalidade. Seriam eles: o *egocentrismo, a labilidade, a agressividade e a indiferença afetiva*. Tais traços constituiriam o *nódulo central* da personalidade que, no delinquente, estaria em estado hipertrofiado, relativamente ao indivíduo não delinquente (Born, 2005). Pinatel partiu destes quatro traços fulcrais da personalidade, acabando por categorizar os diferentes tipos de delinquentes em grupos distintos: os *caracteriais*, os *perversos*, os *débeis mentais* e os *alcoólicos e toxicômanos*, ao que acrescentou duas categorias para distinguir os *criminosos profissionais*, que seriam inadaptados socialmente e persistentes nas condutas criminosas, dos *delinquentes ocasionais*, que não apresentariam inadaptação e cometeriam crimes por força das circunstâncias ambientais (Agra & Matos, 1997).

Eysenck partiu de um teste da personalidade para se interessar especificamente pela delinquência e concluir a favor de uma abordagem à personalidade do criminoso. Assim, a teoria de Eysenck sobre a delinquência iniciou a partir de um Modelo Tridimensional da Personalidade, que foi sendo alvo de ampliações em função de pesquisas posteriores realizadas pelo próprio autor. A ideia inicial consistia na existência de variáveis da personalidade que, sendo em grande parte determinadas geneticamente, seriam independentes entre si e, conjuntamente, situariam o indivíduo num ponto pertencente ao domínio multidimensional da personalidade. As duas primeiras dimensões definidas foram a *extroversão/introversão* e o *neuroticismo/estabilidade*, a que mais tarde Eysenck acrescentou uma terceira dimensão: o *psicoticismo* (Eysenck & Eysenck, 1970).

Na verdade, o leque de investigações de Eysenck é vasto, especialmente no que respeita à verificação empírica da teoria. Entre as suas conclusões, algumas apontam para uma associação de diferentes tipos de personalidade a diversas categorias de crimes (Howitt, 2006). LeBlanc, já anteriormente referido, também merece atenção neste ponto, na medida em que retomou à teoria de Pinatel para submetê-la a uma reorganização, introduzindo o componente desenvolvimental.

Nesse aspecto, LeBlanc salientou que o indivíduo vai se estruturando e consolidando no sentido de uma organização específica dos traços de personalidade, consoante vai integrando, cada vez mais, numa carreira criminosa. O autor acrescentou que a delinquência difere de indivíduo para indivíduo, e sublinhou o desenvolvimento dessa personalidade delinquente ao longo da infância e da adolescência, mediante um processo dinâmico. Esta perspectiva de uma personalidade não estática, que se vai estruturando e consolidando ao longo do processo de crescimento/desenvolvimento, inclui o componente desenvolvimental e o caráter essencialmente dinâmico atualmente atribuído à personalidade. Assim, ela não se organiza mediante a definição de traços mais ou menos rígidos e imutáveis. Vários estudos (Benavente, 2002), além dos realizados por LeBlanc, vêm confirmando a ideia de que os comportamentos problemáticos ocorridos na infância constituem fatores preditores do desenvolvimento de delinquência juvenil (Negreiros, 2001). A perspectiva de LeBlanc, com ponto de partida em Pinatel, sugere uma nova configuração da "personalidade criminosa" definida em função de três sintomas dinâmicos e em constante dialética, conforme se passa a recordar para permitir uma melhor compreensão desta abordagem particular da personalidade do indivíduo que perpetra delitos (Born, 2005):

    a) O primeiro sintoma, designado por *enraizamento criminoso*, é estabelecido mediante dois processos fundamentais que constam da *ativação* e do *agravamento*, já neste livro definidos anteriormente. Assim, o primeiro processo pode variar mediante as distintas modalidades, em que a *ativação precoce* apresenta riscos de cristalização do comportamento delinquente, e a *ativação brutal* se relaciona com a emergência abrupta de atos delinquentes, geralmente pouco graves e de curta duração. Já a *ativação diversificada* surge com variadas ações delinquentes. Finalmente, ainda pode se referir a conjugação dos três tipos de ativação, como forma de manifestação mais grave e de pior prognóstico. O segundo processo pertencente a este primeiro sintoma denomina-se *agravamento* e relaciona-se com a gradação, ao longo do tempo, dos delitos cometidos pelo sujeito. Integra cinco estágios, não obrigatoriamente sequenciais, que passam a ser recordados de LeBlanc (2008): o do *aparecimento*, o da *exploração*, o da *explosão*, o da *conflagração* e, finalmente, o do *transbordamento*.

b) O segundo sintoma, o da *dissocialidade*, associa-se à redução progressiva da sociabilidade, da integração e da participação nas atividades sociais, assim como à crescente dificuldade, ou até impossibilidade, de aceitação das normas sociais. Este sintoma decorre, também, da reação social que acaba por constituir um fator precipitante da delinquência, contribuindo para a dissocialidade. Porém, outros elementos podem favorecer a instalação deste sintoma. Entre eles, a família e o meio social e econômico que, conjuntamente, contribuem para o afastamento do jovem em relação às normas instituídas.

c) O último sintoma, que Le Blanc denominou *egocentrismo*, refere-se às dificuldades empáticas do indivíduo, num padrão de egocentrismo, acompanhado de sentimentos de injustiça, de autodesvalorização e de impotência. O egocentrismo integra características como a *negatividade* em relação aos outros; a *hipossocialidade* decorrente da incapacidade de flexibilizar perante as adversidades da vida em sociedade; a *insegurança* presente nas relações estabelecidas; e a *primitividade* relacionada com focalização nas necessidades pessoais e nas reações pouco controladas.

Também Cusson (1983, 1998) partiu dos estudos de Pinatel, bem como de Gottfredson e Hirschi (1990), para analisar a personalidade do delinquente que descreveu como instável, egocêntrico e com sentimentos de injustiça, insensível e impulsivo. Trata-se de um indivíduo a que se acrescentam outras características de personalidade, como (Cusson, 1998):

a) *Carência de pensamento abstrato*, mediante um funcionamento confuso e em que não parece haver capacidade de estabelecimento de associações entre os atos e as suas consequências, não havendo possibilidade

de aprender com as ações passadas. Assim, haverá um padrão de repetição de atuações, visando apenas à gratificação imediata das necessidades próprias, sem qualquer antecipação dos efeitos produzidos;
b) *Presenteismo,* que se relaciona também com a característica anterior, na medida em que o sujeito será incapaz de antecipar a ação e as respetivas consequências, focalizando-se no presente, no "aqui e agora". Este presenteismo não se faz sentir apenas na atividade criminal e na ausência de uma planificação dessa área, mas se reflete também em todo o estilo de vida do sujeito, no abandono precoce da escola e na posterior instabilidade laboral, no abuso de álcool e até nos vários acidentes e vitimações que vai sofrendo;
c) *Ação dissociada do pensamento,* enquanto consequência de um pensamento demasiado concreto e focalizado no 'aqui e agora', no imediato. Trata-se de alguém que não funciona com prudência, uma vez que é incapaz de ponderar e de ajustar as estratégias de ação, tendo em vista o alcance de determinados fins, estabelecendo atitudes de maior risco;
d) *Agitação compensatória,* que decorre de uma vida interior caótica e de uma história de rejeições que importa encobrir através da instabilidade, em que é eliminada a possibilidade de autodescoberta;
e) *Egocentrismo e sentimento de injustiça,* em que está presente o défice, quer intelectual, quer afetivo, num estilo de funcionamento dissociado das emoções e centrado na satisfação dos desejos e das necessidades mais imediatas. É um padrão comportamental em que o sujeito atua em função dos impulsos, dos hábitos e das circunstâncias. Dessa forma, o indivíduo não se priva de evocar respostas de hostilidade mas, ao mesmo tempo, sente legitimidade em responder às reações que provoca e que lhe causam frustração. Assim, não será de estranhar que seja um indivíduo em permanente oposição com a sociedade.

É possível rever a perspetiva de personalidade apresentada por LeBlanc, incluindo os mecanismos já referidos no capítulo II, e estabelecer uma comparação com o contributo não menos relevante de Cusson, através do esquema que se encontra de seguida.

Figura 4.4. Perspectivas da personalidade, de Le Blanc e de Cusson

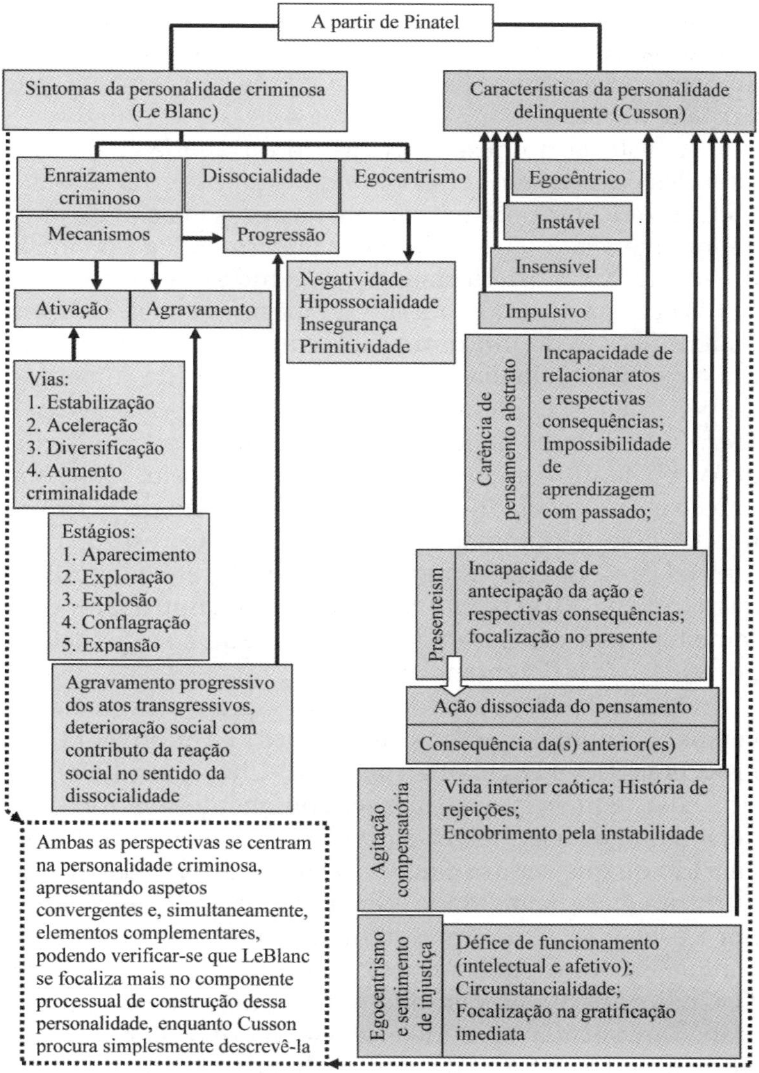

A partir de Pinatel

Sintomas da personalidade criminosa (Le Blanc)

- Enraizamento criminoso
- Dissocialidade
- Egocentrismo

Mecanismos → Progressão

Ativação | Agravamento

Negatividade
Hipossocialidade
Insegurança
Primitividade

Vias:
1. Estabilização
2. Aceleração
3. Diversificação
4. Aumento criminalidade

Estágios:
1. Aparecimento
2. Exploração
3. Explosão
4. Conflagração
5. Expansão

Agravamento progressivo dos atos transgressivos, deterioração social com contributo da reação social no sentido da dissocialidade

Ambas as perspectivas se centram na personalidade criminosa, apresentando aspetos convergentes e, simultaneamente, elementos complementares, podendo verificar-se que LeBlanc se focaliza mais no componente processual de construção dessa personalidade, enquanto Cusson procura simplesmente descrevê-la

Características da personalidade delinquente (Cusson)

- Egocêntrico
- Instável
- Insensível
- Impulsivo

Carência de pensamento abstrato: Incapacidade de relacionar atos e respectivas consequências; Impossibilidade de aprendizagem com passado;

Presenteísmo: Incapacidade de antecipação da ação e respectivas consequências; focalização no presente

Ação dissociada do pensamento
Consequência da(s) anterior(es)

Agitação compensatória: Vida interior caótica; História de rejeições; Encobrimento pela instabilidade

Egocentrismo e sentimento de injustiça: Défice de funcionamento (intelectual e afetivo); Circunstancialidade; Focalização na gratificação imediata

Criminologia – trajetórias transgressivas

4.1.5.1. A análise da personalidade – a proposta de Costa & McCrae

Dada a central importância da personalidade e o seu papel na forma de pensar, sentir e agir das pessoas, parece pertinente apresentar um modelo que, sendo muito atual, explora uma visão baseada em traços que interagem com a história de vida do sujeito e com as influências do meio ambiente. Referimo-nos, aqui, à teoria apresentada por Costa & McCrae.

A história do desenvolvimento da Teoria dos Cinco Grandes Fatores da Personalidade, proposta por Costa e McCrae, encontra origem remota na apresentação do fator de inteligência (g), explorado por Spearman logo no início do século XX. Posteriormente, os estudos desenvolvidos por Webb, na segunda década do mesmo século, levaram à identificação de um outro fator que, pela descrição, em muito se assemelhava à atualmente conhecida dimensão da personalidade identificada pelo nome de *conscienciosidade*. Poucos anos depois, Garnett analisou os resultados de Webb, tendo concluído a favor de um terceiro fator, que parece estar associado a uma outra dimensão da personalidade, hoje denominada por *extroversão*. Os estudos em torno destes aspectos foram prosseguindo, até que Cattell, na década de 30 do século XX, apontou um outro fator com semelhanças à dimensão de personalidade hoje conhecida por *amabilidade* (Digman, 1996).

Os estudos desses fatores prosseguiram através de diversos contributos, como os de Guilford e Guilford em 1939, Fiske em 1947, e Digman e Takemoto-Chock, em 1981. Assim, e na sequência desses desenvolvimentos em torno da personalidade, em 1983, Goldberg estava plenamente convencido de que seriam cinco os grandes fatores básicos da estrutura da personalidade e, em um seminário organizado por Costa & McCrae, apresentou essa ideia que despertou o interesse dos organizadores do evento. Por isso, Costa & McCrae, que haviam pensado num modelo de três fatores, acabaram por adotar a ideia de Goldberg, optando pelos cinco grandes fatores da personalidade (Digman, 1996), num modelo que, sendo construído com base na ideia de traços, se configura extraordinariamente atual.

Em termos gerais, Costa & McCrae apresentam as cinco grandes dimensões ou domínios da personalidade, como fatores que definem as tendências básicas do indivíduo. Sob este ponto de vista, as diferenças individuais têm uma representação corporal em função dos genes, sendo que as tendências básicas não sofrem uma influência direta do meio, mas de disposições endógenas que se desenvolvem independentemente (Costa & McCrae, 1998; McCrae & Costa, 1995; 2001). Os traços apresentados pelos autores são as disposições de cada indivíduo e estão dinamicamente ligados a aspectos culturais, vivenciais e adaptativos (McAdams & Pals, 2006). Efetivamente, esses traços são expressões do componente biológico do sujeito que o afetam consideravelmente por toda a vida (McCrae & Costa, 1995; 2001).

Evidentemente, os traços definem características associadas à influência proveniente do meio e contribuem para as decisões tomadas por cada indivíduo. Ora, assim sendo, essas característica se refletem na biografia do sujeito que, por seu turno, também interfere no desenvolvimento de tais características, num processo dinâmico e circular que integra as ligações mútuas entre o traço biológico, as influências do meio e a biografia do sujeito (McCrae & Costa, 1995; 2001). Precisamente por essa dinâmica permanente e em equilíbrio, pode-se afirmar que este modelo tende para uma vertente integradora de uma multiplicidade de elementos (Pervin & John, 2004) que desempenham um papel fundamental na construção e na estruturação da personalidade, enquanto sistema de elevadíssima complexidade.

Com base neste modelo, foi concebido um inventário de avaliação da personalidade, salientando sempre que os resultados obtidos devem ser interpretados levando em consideração a história de vida do indivíduo (Costa & McCrae, 2000; Lima & Simões, 2003). Trata-se do inventário de personalidade *NEO Personality Inventory Revised* (NEO PI-R), que operacionaliza o modelo dos cinco grandes fatores e que aposta nos cinco traços como dimensões que desempenham um papel organizador do funcionamento global do sujeito. É de salientar que o inventário se encontra aferido na população portuguesa por Lima e Simões (2003), estando também adaptado e revisto para a população brasileira, com uma estrutura fatorial adequada ao contexto do Brasil (Costa Jr. & McCrae, 2007). Cada um dos fatores ou dimensões integra seis facetas (Costa & McCrae, 2000; McCrae, 1991; McCrae & John, 1992), num sistema que pode ser apresentado conforme o esquema da figura seguinte.

Figura 4.5. As grandes dimensões e as facetas da personalidade (adaptado de Costa e McCrae, 2000)

Os Cinco Grandes (domínios ou dimensões)
N: Neuroticismo E: Extroversão O: Abertura à Experiência A: Amabilidade C: Conscienciosidade

	As Facetas por cada Dimensão ou Domínio	
Neuroticismo	Ansiedade Hostilidade Depressão Autoconsciência Impulsividade Vulnerabilidade	Acolhimento caloroso Gregariedade Assertividade Atividade Procura de excitação Emoções positivas — Extroversão
Abertura...	Fantasia Estética Sentimentos Ações Ideias Valores	Confiança Retidão Altruísmo Complacência Modéstia Sensibilidade — Amabilidade

Conscienciosidade
Competência Ordem Obediência ao dever Esforço de realização Autodisciplina Deliberação

Trata-se de um inventário adequado a indivíduos com idade a partir dos 17 anos, sem diagnóstico de perturbações como psicose ou demência (Lima & Simões, 2003), e que possibilita a avaliação de características "normais" de personalidade (Sherry, Henson & Lewis, 2003).

A dinâmica entre as grandes dimensões e as facetas que as integram, em articulação com elementos como a biografia do sujeito, os processos adaptativos e as fontes externas de influência, podem ser visualizadas no esquema ilustrativo que segue.

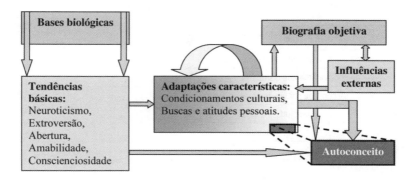

Figura 4.6. Sistema de personalidade de acordo com a perspectiva dos cinco grandes fatores (adaptado de McCrae e Costa, 1995)

4.2. A identificação de elementos facilitadores – avaliação preliminar

Por tudo quanto foi referido ao longo deste capítulo, parece pertinente sistematizar um processo de coleta de informações que permita reconhecer os elementos que, em termos psicológicos, poderão contribuir para a construção de uma trajetória transgressiva. Evidentemente, os fatores psicológicos, não sendo determinantes e estando atravessados por uma série de elementos de natureza diversa, constituem aspectos com forte poder de influência sobre os comportamentos do indivíduo.

Das diferentes conceitualizações apresentadas neste capítulo, é possível retirar alguns elementos que podem ser identificados, tanto por observação direta do sujeito, quanto através de informação colhida junto de pessoas significativas para o mesmo. Para facilitar essa coleta de dados, que nos permitirá reunir informações conducentes a uma linha orientadora da avaliação do sujeito, propõe-se o recurso a um instrumento extraordinariamente simples e cuja utilização possibilitará a organização estruturada dos fatores a serem averiguados. Trata-se de uma lista a ser preenchida pelo técnico, em função das diferentes informações a que vai tendo acesso, e que se encontra no quadro seguinte.

Quadro 4.2. Lista de verificação da presença/ausência de elementos facilitadores de trajetória transgressiva.

Elementos	Ausente	Pouco Presente	Presente	Muito Presente
História de comportamento antissocial na família				
História de comportamentos disruptivos				
Resolução de conflitos por via da agressividade				
Percurso escolar pautado por fracassos				
Reduzido autocontrole comportamental				
Labilidade emocional				
Indiferença afetiva				
Dissocialidade				
Egocentrismo				
Sentimentos de injustiça				
Autodesvalorização				
Negatividade perante os outros				
Insegurança nas interações				
Primitividade				
Presenteismo				
Pensamento concreto				
Agitação compensatória				
Observações:				

Assim, bastará assinalar os elementos que se revelam "pouco presentes", "presentes" ou "muito presentes", e os que não se manifestam no sujeito – "ausentes". Saliente-se que é possível optar por este tipo de lista de verificação para assinalar os fatores de risco, anteriormente apresentados, bem como os de proteção, também já referidos. A partir da identificação de alguns elementos, será possível traçar um plano de avaliação baseado em uma análise preliminar que fornece informação orientadora do processo.

Síntese do Capítulo IV

Este capítulo centrou-se no grupo de perspectivas que procura a associação entre o comportamento criminoso e a presença de fatores que, sendo de índole psicológica, afetam os comportamentos das pessoas. Trata-se de um conjunto de abordagens que focaliza, essencialmente, os elementos individuais que se relacionam com a personalidade, a inteligência e a aprendizagem, sendo que, mais uma vez, devem ser considerados todos os aspectos influentes, num regime de integração, como se procura ilustrar na figura que se segue, através da síntese esquemática do capítulo IV.

Figura 4.7. Algumas perspectivas psicológicas do crime.

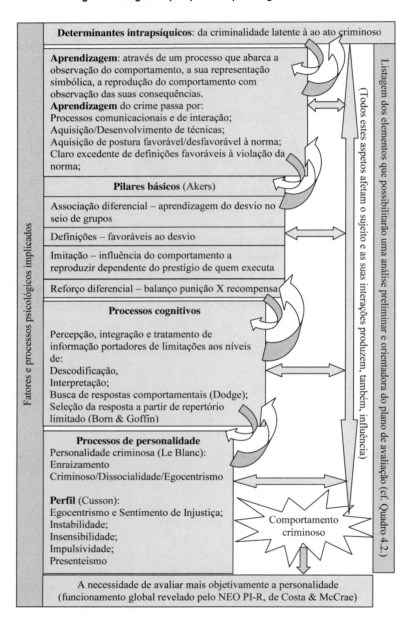

Conclusão

La strada non finisce mai.

Este livro iniciou com a afirmação de que os caminhos do delito se constroem e se consolidam através de trajetos de vida transgressivos. Partiu-se, então, para a busca das perspectivas que, de certa forma, procuram trazer luz ao fenômeno, tentando explicar como algumas pessoas seguem essas trajetórias delinquentes, ao contrário de outras, que constroem uma vida normativa.

Com vistas à contextualização, foi apresentado o percurso e o desenvolvimento da Criminologia, foram referidos os conceitos de norma e de desvio e, por associação, abordadas as ideias de adaptação e de inadaptação social. Evidentemente, também foram explorados os conceitos de comportamento antissocial, de delito e de crime.

Na sequência, foram referidos os fatores de risco e de proteção implicados no fenômeno do comportamento criminoso, atendendo à importância do processo de socialização. A esse propósito, foram então exploradas algumas das perspectivas teóricas que, centradas no desenvolvimento do indivíduo, oferecem formas diferentes de compreender esses comportamentos. Ora, se no comportamento, seja ele normativo ou desviante, pode ser detectada a influência dos fatores psicológicos, imperioso se tornou apresentá-los através da descrição de algumas das perspectivas que se debruçam sobre eles, com particular ênfase sobre a personalidade. No entanto, não poderiam ser esquecidos os fatores biológicos que, embora não determinantes, evidenciam ser uma fonte de influência a que não são alheias as condutas criminosas.

A constatação da necessidade de integrar todos esses fatores nas análises do crime e do comportamento criminoso não é nova. Na verdade, foram apresentados diversos elementos que afetam o desencadear de comportamentos desviantes, incluindo os delinquentes, sendo que esses aspectos não atuam isoladamente, mas interagem em regime de complementaridade e de dinâmica atuação conjunta. Ademais, procedeu-se à consideração de muitos elementos a respeito dos quais se podem levantar algumas questões: estará a personalidade no centro do desenvolvimento dos comportamentos, ou haverá necessidade de se considerar o estilo relacional do indivíduo, como algo que, participando na personalidade, se destaca dela? Estará o meio social afetado pelos aspectos em que o mesmo se contextualiza, como os espaços físicos, a sua distribuição e as suas características? E quanto a esses espaços, estarão influenciados pelas dinâmicas sociais aí instaladas ou, pelo contrário, essas dinâmicas sociais são influenciadas pelos espaços?

Muitas são as perguntas que se colocam e muitos são os fatores a explorar, apenas se podendo concluir que somente com uma visão global e plural da realidade será possível uma perspectiva compreensiva do crime e daquele que o concretiza.

Referências bibliográficas

Agra, C. (2002). *Entre droga e crime* (2ª ed.). Lisboa: Editorial Notícias.

——; Matos, A. (1997). *Trajectórias desviantes*. Gabinete de Planeamento e de Coordenação do Combate à Droga.

Aigner, M.; Eher, R.; Fruehwald, S.; Frottier, P.; Gutierrez-Lobos, K.; Dwyerb, S. (2000). Brain abnormalities and violent behavior. *Journal of Psychology & Human Sexuality, 11* (3), 57-64.

Ajuriaguerra, J. (1986). *Manual de psiquiatria infantil*. Rio de Janeiro: Masson do Brasil

Akers, R. (2009). Social learning and social structure. A general theory of crime and deviance. New Jersey: Transaction Publishers.

Alvarez, M. (2002). A criminologia no Brasil ou como tratar desigualmente os desiguais. *Revista de Ciências Sociais, 45* (4), 677-704.

American Psychological Association. (1952). DSM-I. *Manual Diagnóstico y Estadístico de los Trastornos Mentales*. Barcelona: Masson.

——. (1995). *DSM-III. Manual diagnóstico y Estadístico de los Trastornos Mentales*. Porto Alegre: Artes Médicas.

——. (2002). *DSM-IV-TR. Manual de diagnóstico e estatística das perturbações mentais* (5ª ed.). Lisboa: Climepsi Editores.

Assis, S. (1999). Traçando caminhos numa sociedade violenta: a vida de jovens infratores e seus irmãos não infratores. Rio de Janeiro: Fiocruz.

Bakwin, H.; Bakwin, R. (1974). *Delincuencia juvenil en la sociedad de consumo*. Bilbao: Mensajero.

Bandura, A. (1982). *Teoría del aprendizaje social*. Madrid: Espasa-Calpe.

Bean, P. (2004). *Drugs and crime* (2ª ed.). United Kingdom: Willan Publishing.

Beccaria, C. (1764/2009). *On crimes and punishments* (5ª ed.; G. Newman; P. Marongiu, Trad.). New Jersey: Transaction Publishers.

Beck, A.; Freeman, A. (1993). *Terapia cognitiva dos transtornos de personalidade*. Porto Alegre: Artmed Editora.

Becker, H. (1966). *Outsiders: studies in the sociology of deviance*. New York: The Free Press.

Benavente, R. (2002). Delinquência juvenil: da disfunção social à psicopatologia. *Análise Psicológica*, 4 (20), 637-645.

Bennett, T.; Holloway, K. (2005). Disaggregating the relationship between drug misuse and crime. *Australian and New Zeland Journal of Criminology, 38* (1), 102-121.

Bentham, J. (1791). El panóptico. Carta del señor Jeremy Bentham al señor J. PH. Garran, diputado ante la asamblea nacional. Disponível em http://easnicolas.bue.infd.edu.ar/sitio/upload/EL_PANOPTICO__Bentham.pdf

Bentham, J. (1830). *The rational of punishment*. London: Robert Heward. Disponível em http://www.google.com/books?hl=pt-PT&lr=&id=7bhCAAAAcAAJ&oi=fnd&pg=PA1&dq=Bentham&ots=X0OlwfaK1R&sig=H7eCS_I9WFZjoFyqrisBAY9Ufvc#v=onepage&q&f=false

Bellamy, R. (1995). *Beccaria. On crimes and punishments and other writings*. Cambridge: Cambridge University Press.

Blaya, C. (2006). Factores de riesgo escolares. In A. Serrano, *Acoso y violência en la escuela*. Barcelona: Editorial Ariel.

Bloom, M. (1996). *Primary prevention practices*. London: SAGE.

Blos, P. (1973). *Los comienzos de la adolescencia*. Buenos Aires: Amorrortu.

Born, M. (2005). *Psicologia da delinquência*. Lisboa: Climepsi Editores.

Bohman, M. (1978). Some genetics aspects of alcoholism and criminality. A population of adoptees. *Archives of General Psychiatry, 35* (3), 269-276.

Bohman, M. (1996). Predisposition to criminality: Swedish adoption studies in retrospect. In Ciba Faundation. *Genetics of criminal and antisocial behaviour*. New York: John Wiley & Sons.

Brower, M.; Price, B. (2001). Neuropsychiatry of frontal lobe dysfunction in violent and criminal behaviour: a critical review. *Journal of Neurology, Neurosergery & Psychiatry, 1* (17), 720-726.

Cadoret, R. (1978). Psychopathology in adopted-away offspring of biologic parents with antisocial behavior. *Archives of General Psychiatry, 35* (2), 176-184.

Carvalho, M. (2005). Jovens e delinquências. (Sobre)vivências na família. *Psicologia, 18* (2), 129-158.

Catalano, H.; Hawkins, J. (1996). The social development model. A theory of antisocial behavior. In J. Hawkins, *Delinquency and crime. Current theories*. New York: Cambridge University Press.

Chazal, J. (1972). *La infancia delincuente*. Buenos Aires: Paidós.

Christiansen, K. O. (1977). A preliminary study of criminality among twins. In S. Mednick; K. O. Christiansen. *Biosocial bases of criminal behavior*. New York: Gardner Press.

Christiansen, K.; Knussmann, R. (1987). Androgen levels and components of aggressive behavior in men. *Hormones and behavior, 21*, 170-180.

Cohen, C.; Marcolino, A. (2006). Noções históricas e filosóficas do conceito de saúde mental. In C. Cohen; F. Ferraz; M. Segre. *Saúde mental, crime e justiça*. São Paulo: Edusp.

Coie, J.; Watt, N.; West. S.; Hawkins, J.; Asarnow, J.; Markman, H.; Long, Berverly (1993). The science of prevention. A conptual framework and some directions for a national research program. *American Psychologist, 48* (10), 1013-1022.

Costa, P.; McCrae, R. (1998). Trait theories of personality. In D. Barone, M. Hersen; V. Van Hasselt (Eds.). *Advanced Personality*. New York: Springer.

Costa Jr. P.; McCrae, R. (2007). Neo PIR-R: inventário de personalidade NEO revisado e inventário de cinco fatores NEO revisado NEO-FFI-R (versão curta). São Paulo: Vetor Editora Psicopedagógica.

Collins, J. (1981). Alcohol careers and criminal careers. In J. Collins (Ed.). *Drinking and crime*. New York: The Guilford Press.

Cordeiro, J. C. D. (2003). *Psiquiatria forense*. Lisboa: Fundação Calouste Gulbenkian.

Costa, C.; Mato, J.; Morales, J. (1999). El comportamiento antisocial grave en jóvenes y adolescentes. In J. Ortega (Ed.). *Educación social especializada*. Barcelona: Ariel Educación.

Costa, P.; McCrae, R. (2000). *NEO PI-R Manual profissional. NEO PI-R, Inventário de personalidade NEO revisto* (Adaptação portuguesa por M. Lima; A. Simões). Lisboa: CEGOC-TEA.

Crowe, R. (1974). An adoption study of antisocial Personality. *Archives of General Psychiatry, 13* (6), 785-791.

Crowe, T. (2000). *Crime prevention through environmental design: applications of architectural design and space management concepts.* Boston: Butterworth-Heinemann.

Cusson, M. (1983). *Le contrôle social du crime.* Paris: Les Presses Universitaires de France.

——. (1998). *Criminologie actuelle.* Paris: Les Presses Universitaires de France.

——. (2005). *Criminologia* (J. Castro, Trad.). Cruz Quebrada: Casa das Letras/Editorial Notícias.

Dalgard, O.; Kringlen, E. (1976). Norwegian twin study of criminology. *British Journal of Criminology, 16* (3), 213-232.

Davies, P.; Cummings, M. (2006). Interparental discord, family process, and developmental psychopathology. In D. Cicchetti; D. Cohen (Eds.). *Developmental psychopathology. Risk, disorder, and adaptation.* Oxford: John Wiley and sons.

Debuyst, C. (1985). *Modèle éthologique et criminology.* Bruxelles: Mardaga.

Dias, C. (1980). *O que se mexe a parar: Estudos sobre a droga.* Porto: Afrontamento.

——. (1981). *A Influência Relativa dos Factores Psicológicos e Sociais no Evolutivo Toxicómano: demografia das toxicomanias.* Coimbra: Universidade de Coimbra.

——. (1982). *Psicanálise e instituição.* Encontro da Sociedade Portuguesa de Psicologia. Buçaco.

——. (1983). *Espaço e Relação Terapêutica.* Coimbra: Coimbra Editora.

——. (1990). *Para uma Psicanálise da Relação.* Porto Alegre: Sagra.

——. (1992). *Anotações pessoais.* Seminário Luso.

——. (2000). *Freud para além de Freud.* Lisboa: Fim de Século.

——; Vicente, N. (1984). *A depressão no adolescente.* Porto: Afrontamento.

Dias, J.; Andrade, M. (1997). *Criminologia. O homem delinquente e a sociedade criminógena.* Coimbra: Coimbra Editora.

Dickes, P.; Haussman, P.(1983). Définir et mesurer la délinquance juvénil. *Bulletin de Psychologie, 36,* 441-445.

Digman, J. (1996). The curious history of the five-factor model. In J. Wiggins (Ed.). *The Five-factor Model of Personality: Theoretical Perspectives.* New York: Guilford Press.

Dignam, J.; West, S. (1988). Social support in the workplace: tests of six theoretical models. *American Journal of Community Psychology, 16,* 701-724.

Dishion, T.; Patterson, G.; Stoolmiller, M.; Skinner, M. (1991). Family, school, and behavioural antecedents to early adolescent involvement with antisocial peers. *Development Psychology, 27,* 172- 180.

Dodge, K.; Nicki, R. (1996). Social information processing mechanisms in reactive and proactive aggression. *Child Development, 67* (3), 993-1002.

Dodge, K.; Pettit, G.; McClaskey, C.; Brown, M. (1986). Social competence in children. *Monographs of the Society for Research in Child Development , 51* (2), 1-85.

Doron, R.; Parot, F. (2001). *Dicionário de psicologia.* Lisboa: Climepsi.

Einstadter, W.; Henry, S. (2006). *Criminological theory. An analysis of its underlying assumptions* (2ª ed.). Maryland: Rowman & Littlefield Publishers.

Ey, H. *et al*. (1978). *Manual de psiquiatria* (5ª ed.). São Paulo: Masson do Brasil.

Escobar, A. (2005). A criminologia numa perspective histórica e as novas tendências metodológicas no Mercosul. In O. Teske (Ed.). *Sociologia. Textos e contextos* (2ª ed.). Canoas: Ulbra.

Eysenck, H.; Eysenck, S. (1970). Crime and personality: an empirical study of the three factor theory. *British Journal of Criminology*, 10, 225-239.

Farrington, D. (1996). The explanation and prevention of youthful offending. In J. Hawkins (Ed.). *Delinquency and crime. Current theories*. New York: Cambridge University Press.

------; Loeber, R.; Kammen, W. (1990). Lon-term criminal outcomes of hyperactivity-impulsivity-attention deficit and conduct problems in childhood. In L. Robins; M. Rutter (Eds.). *Straight and devious pathways from childhood to adulthood*. Cambridge: Press Syndicate of the University of Cambridge.

Fischer, G. (1994). *A dinâmica social. Violência, poder, mudança*. Lisboa: Planeta Editora/ISPA.

Foucault, M. (1997). *Vigiar e punir*. Petrópolis: Editora Vozes.

Freud, S. (1908). Moral sexual 'civilizada' e doença nervosa moderna. In S. Freud (1979). Atos obsessivos e práticas religiosas. *Moral sexual 'civilizada' e doença nervosa moderna e outros trabalhos*. Brasil : Imago Editora.

------. (1924). *Nevrose, psychose et perversion*. Paris: Presses Universitaires de France.

Friedlander, K. (1951). La délinquance juvénile. Étude psychanalytique, théorie, observations, traitements. Paris: Les Presses Universitaires de France.

------. (1987). *Psicoanálisis de la delincuencia juvenil*. Barcelona: Paidós,

Friedman, H.; Schustack, M. (2004). *Teorias da personalidade. Da teoria clássica à pesquisa moderna* (2ª ed.; B. Honorato Trad.). São Paulo: Pearson Prentice Hall. (Original publicado em 1999).

Fromm, E. (1975). *Meu encontro com Marx e Freud*. Rio de Janeiro: Zahar.

Frota-Pessoa, O. *et al*. (1978). *Genética Clínica*. 3ª ed. São Paulo: Francisco Alves.

Galvão, F. (2007). *Direito penal. Parte geral*. Belo Horizonte: Editora del Rey.

García-Pablos, A. (1988). Manual de criminología. Introducción Y teorías de la criminalidad. Madrid: Espasa-Calpe.

Garrido, V. (1984). *Delincuencia y sociedad*. Madrid: Editorial Mezquita.

------. (1987). Delincuencia juvenil. Origines, prevención y tratamiento. Madrid: Allambra.

------; Martínez, M. (1997). *Educación social para delinquentes*. Valencia: Tirant Lo Blanch.

Giddens, A. (1991). Modernity and self-identity. Self and society in the late modern age. Oxford: Stanford University Press.

Gil, F. (2004). La delinquencia y su circunstancia. Sociología del crimen y la desviación. Valencia: Tirant Lo Blanch.

Gleitman, H.; Fridlund, A.; Reisberg, D. (2003). *Psicologia*. Lisboa: Fundação Calouste Gulbenkian.

Godfrey, B.; Lawrence, P.; Williams, C. (2008). *History & Crime*. London, SAGE.

Gonçalves, R. (2008). *Delinquência, crime e adaptação à prisão*. Coimbra: Quarteto Editora.

Gordis, L. (1996). *Epidemiology*. Philadelphia: Elsevier/Saunders.

Gottfredson, M.; Hirschi, T. (1990). *A general theory of crime*. Chicago: Stanford University Press.

Gotz, M., Johnstone, E.; Ratcliffe, S. (1999). Criminal and antisocial behaviour in unselected men with sex chromosome abnormalities. *Psychological Medicine*, 29 (4), 953-962.

Guo, G.; Roettger, M.; Cai, T. (2008). The integration of genetic propensities into social-control models of delinquency among male youths. *American Sociological Review*, 7 (4), 543-568.

Gupta, A.; Harvey-Vallender, L.; Singh, J.; Garg, J. (2011). Aetiology of minor crimes – are individuals committing minor crimes influenced more by environmental factors or genetic traits? *Forensic Research*, 2 (4). Disponível em http://www.omicsonline.org/2157-7145/2157-7145-2-127.pdf

Hansenne, M. (2004). *Psicologia da personalidade*. Lisboa: Climepsi. Hare, R. (1985). *Psychopathy check-list revised*. Canadá: Psychology Department University of British Columbia.

Hawkins, J.; Catalano, R.; Miller, J. (1992). Risk and protective factors for alcohol and other drug problems in adolescence and early adulthood: impliocations for substance abuse prevention. *Psychological Bulletin*, 112 (1), 64-105.

Hikal, W. (2009). Criminología psicoanalítica, conductual y del desarrollo. México: Flores Editor.

——. (2010a). *Introducción a la criminología*. Managua: Jurídica.

——. (2010b). *Introducción al estudio de la criminología* (2ª ed.). México: Editorial Porrúa.

Hirschi, T. (1971). *Causes of delinquency*. Berkeley: University of Califórnia Press.

——; Hindelang, M. (1977). Intelligence and delinquency: a revisionist review. *American Sociological Review*, 42, 571-587.

Hogg, M.; Vaughan, G. (2010). *Essentials of social psychology*. London: Pearson.

Howitt, D. (2006). *Forensic and criminal Psychology* (2ª ed.). London: Pearson Longman.

Hurwitz, S.; Christiansen, K (1983). Criminology. The new and completely revised edition of the standard Scandinavian study (2ª ed.). London: Allen & Unwin.

Izquierdo, C. (1980). Delincuencia juvenil en la sociedad de consumo. Bilbao: Mensajero.

Jessor, R. (1991). Risk behavior in adolescence: a psychosocial framework for understanding and action. *Journal of Adolescent Health*, 12, 597-605.

——; Donovan, J.; Costa, F. (1991). Beyond adolescence. Problem behaviour and young adult development. Cambridge: Cambridge University Press.

——; Van Den Bos, J.; Banderín, J.; Costa, F.; Turbin, M. (1995). Protective factors in adolescent problem behavior: Moderator effects and developmental change. Developmental Psychology, 31 (6), 923-933.

Joseph, J. (2004). Estará o crime nos genes? Revisão crítica de estudos de gémeos e de adoptados. In A. C. Fonseca, *Comportamento anti-social e crime*. Coimbra: Livraria Almedina.

Kazdin, A.; Buela-Casal, G. (2001). *Conduta anti-social. Avaliação, tratamento e prevenção na infância e na adolescência*. Lisboa: McGraw-Hill.

Kosterman, R.; Hawkins, J.; Guo, J.; Catalano, R.; Abbott, R. (2000). The dynamics of alcohol and marijuana initiation: patterns and predictors of first use in adolescence. *American Journal of Public Health*, 90 (3), 360-366.

Koudela, M. (2007). Criminologia: a interdisciplinaridade na investigação das origens do crime e o consenso quanto à prevenção. *Revista Jurídica do Centro de Ciências Jurídicas da Universidade Regional de Blumenau*, 11 (22), 29-40.

Langevin, R.; Paitich, D.; Orchard, B.; Handy, L.; Russon, A. (1982). Diagnosis of killers seen for psychiatric assessment. *Acta Psychiatrica Scandinavica*, 66, 216–228.

Lavater, J.; Sarthe, J. (1820). *L'art de connaitre les homes par la physionomie*. Paris: Depélafol.

LeBlanc, M. (1976). La delinquence a l'adolescent: de la delinquence cachée et de la delinquence apparent. *Annales de Vaucresson*, 77(14), 19-49.

——. (1986). La carrière criminelle: définition et prédiction. *Criminologie*, 19 (2), 79-99.

——. (1990). Two processes of the development of persistent offending: activation and escalation. In L. Robins; M. Rutter (Eds.). *Straight and devious pathways from childhood to adulthood*. Cambridge: Press Syndicate of the University of Cambridge.

——. (2008). O comportamento delinquente dos adolescentes: o seu desenvolvimento e a sua explicação. In M. Le Blanc; M. Ouimet; D. Szabo (Eds.). *Tratado de criminologia empírica*. Lisboa: Climepsi.

——; Biron, L.; Fréchette, M. (1981). *Structure et dynamique du comportement delinquant: un condense des resultats*. Montréal: Université de Montréal.

Leyens, J.; Yzerbyt, V. (1999). *Psicologia social*. Lisboa: Edições 70.

Lilly, J., Cullen, F.; Ball, R. (2010). *Criminological theory. Context and consequences* (5ª ed.). London: SAGE.

Lima, M.; Simões, A. (2003). Inventário de personalidade NEO Revisto (NEO-PI-R). In M. Gonçalves, M. Simões, L. Almeida, L.; C. Machado (Eds.). *Avaliação psicológica. Instrumentos validados para a população portuguesa* (Vol. I). Coimbra: Quarteto.

Loeb, J.; Mednick, S. (1977). A prospective study of predictors of criminality: three electrodermal response patterns. In S. Mednick; K. Christiansien (Eds.). *Biosocial bases of criminal behaviour*. New York: Gardner.

Loeber, R. (1990). Development and risk factors of juvenile antisocial behaviour and delinquency. *Clinical Psychology Review*, 10, 1-41.

Loeber, R.; Farrington, D. (1998). *Serious and violent juvenile offenders: risk factors and successful interventions*. London: SAGE Publications.

Lombroso, C.; Ferrero W. (1895/1999).*The female offender*. New York: Rothman Publications.

Lombroso, C.; Gibson, M.; Rafter, N. (1876/2006). *Criminal man*. Durham: Duke University Press.

Lonczak, H. et al. (2001). The social predictores of adolescent alcohol misuse: a test of the social development model. *Journal of Studies on Alcohol*, 62 (2), 179-189.

López, J. (1991). *Criminología. Introducción al estudio de la conducta antisocial*. México: ITESO.

Lorber, M. (2004). Psychophysiology of aggression, psychopathy, and conduct problems: a meta-analysis. *Psychologycal Bulletin*, 130 (4), 531-552.

Lyons, M. et al. (1995). Differential heritability of adult and juvenile antisocial traits. *Archives of General Psychiatry*, 25 (11), 906-915.

Machado, C. (2004). *Crime e insegurança. Discursos do medo imagens do outro*. Lisboa: Editorial Notícias.

——. (2005). Evoluções paradigmáticas na avaliação forense. *Psicologia. Teoria, investigação e prática, 10* (1), 45-63.

Machado, T. (2004). Vinculação e comportamentos anti-sociais. In A. Fonseca (Ed.). *Comportamento anti-social e crime. Da infância à idade adulta*. Coimbra: Almedina.

Maíllo, A. S. (2208). *Introdução à criminologia*. São Paulo: Editora Revista dos Tribunais.

Manita, C. (1997). Personalidade criminal e perigosidade: da "perigosidade" do sujeito criminoso ao(s) perigo(s) de se tornar objecto duma "personalidade criminal".... In C. Agra; C. Queirós; C. Manita; L. Fernandes, *Biopsicossociologia do comportamento desviante*. Lisboa: Minigráfica.

——. (1998). *Personalidade e acção em consumidores de droga e delinquentes*. Gabinete de Planeamento e de Coordenação do Combate à Droga.

Marcelli, D. (2005). *Infância e psicopatologia*. Lisboa: Climepsi.

Martínez, S. (2006). *El atlas criminal de Lombroso*. Valladolid: Maxtor.

Matos, A. (1986). A Delinquência: Perscpectiva Psicodinâmica. *Revista Alter Ego, 2*, 75-83.

McAdams, P.; Pals, J. (2006). A new big five. Fundamental principles for an integrative science of personality. *American Psychologist, 61* (3), 204-217.

McCrae, R. (1991). The five-factor model and its assessment in clinical settings. *Journal of Personality Assessment, 57* (3), 399-414.

——; Williams, S.; Silva, P. (1984). Behavioral and development characteristics of aggressive, hyperactive and aggressive-hyperactive boys. *Journal of the American Academy of Child Psychiatry, 23* (3), 270-279.

——; Costa, P. (1995). Trait explanation in personality psychology. *European Journal of Personality, 9* (4), 231-252.

——; —— (2001). A five-factor theory of personality. In L. Pervin; O. John (Eds.). *Handbook of personality. Research and theory* (2ª ed.). New York : Guilford Press.

——; John, O. (1992). An introduction to the five-factor model and its applications. *Journal of Personality, 6* (2), 175-215.

Mednick, S.; Gabrielli, W.; Hutchings, B. (1984). Genetic influences in criminal convictions: evidence from a adotion cohort. *Science, 224* (4651), 891-894.

Meier, R. (1989). *Crime and society*. London : Allynand Bacon.

Middendorf, W. (1964). *Criminología de la juventud*. Barcelona: Ariel.

Mijolla, A.; Mijolla-Mellor, S. (2002). *Psicanálise*. Lisboa: Climepsi.

Milkman, H.; Wanberg, K. (2004). *Criminal conduct and substance abuse treatment for adolescents: Pathways to self-discovery and change. The providers guide*. London: SAGE.

Minayo, M.; Deslandes, S. (1998). A complexidade das relações entre drogas, álcool e violência. *Cadernos de Saúde Pública, 14* (1), 35-42.

Moffitt, T. (1993). Adolescence-limited and life-course-persistent antisocial behavior : a developmental taxonomy. *Psychological Review, 100* (4), 674-701.

Moffit, T.; Caspi, A. (2002). Como prevenir a continuidade intergeracional do comportamento antissocial : implicações da violência entre companheiros. In A. Fonseca. *Comportamento antissocial e família*. Coimbra: Livraria Almedina.

Montagner, H. (1993). *A vinculação. A aurora da ternura*. Lisboa: Insttituto Piaget.

Moraes, T.; Fridman, S. (2004). Medicina forense, psiquiatria forense e lei. In J. Taborda; M. Chalub; E. Abdalla-Filho. *Psiquiatria forense*. São Paulo: Artmed.

Moscovici, S. (1976). Social influence and social change. New York: Academic Press.
Moyer, I. (2001). Criminological theories: Traditional and non-traditional voices and themes. London: SAGE Publications.
Mugny, G.; Papastamou, S. (1992). Les styles de comportement et leur représentation sociale. In S. Moscovici, *Psichology sociale*. Paris : Presses Universitaires de France.
Muro, M.; Jeffrey, P. (2008). A critical review of the theory and application of social learning in participatory natural resource management processes. *Journal of Environmental Planning and Management, 51* (3), 325-344.
Negreiros, J. (2001). Delinquências juvenis. Trajectórias, intervenções e prevenção. Lisboa: Editorial Notícias.
Newmann, C.; Hare, R.; Newman, J. (2007). The super-ordinate nature of the psychopathy checklist-revised. *Journal of Personality Disorders, 21*(2), 102-117.
Nowlis, H. (1975). *Drugs demystified*. Paris: UNESCO.
Orte, C.; March, M. (2001). *Pedagogia de la inadaptación social* (2ª ed.). Valencia: Nau Llibres.
Otero, J. (1994). Droga y delincuencia. Concepto, medida y estado actual de conocimiento. Madrid: Eudema.
Pervin, L.; John, O. (2004). *Personalidade. Teoria e pesquisa*. Porto Alegre: Artmed.
Pfohl, S. (1994). Images of deviance and social control. A sociological history (2ª ed.). London: McGraw-Hill.
Pratt, T.; Cullen, F.; Sellers, C.; Winfree Jr. L.; Madensen, T.; Daigle, L. Gau, J. (2010). The empirical status of social learning theory : a meta-analysis. *Justice Quarterly, 27* (6), 765-802.
Pulcherio, G.; Bicca, C.; Silva, F. (2002). *Álcool, outras drogas, informação*. São Paulo: Casa do Psicólogo.
Queirós, C. (1997). A importância das abordagens biológicas no estudo do crime. In Agra, C.; Queirós, C.; Manita, C.; Fernandes, L., *Biopsicossociologia do comportamento desviante*. Lisboa: Minigráfica.
——. (1998). *Emoções e cognições em consumidores de droga e delinquentes*. Gabinete de Planeamento e de Combate à Droga.
Rafter, N. (2008). The criminal brain: Understanding biological theories of crime. New York: New York University Press.
Raine, A. (1993). The psychopathology of crime. Criminal behavior as a clinical desorder. San Diego: Academic Press.
——. (2008). From genes to brain to antisocial behaviour. *Current Direction in Psychological Science, 17* (5), 323-328.
——; Buchsbaum, M.; Lacasse, L. (1997). Brain abnormalities in murderers indicated by positron emission tomography. *Biological Psychiatry, 42* (6), 495-508.
Ramón, J. (1996). La razón anamnésica en psiquiatria (aproximación criminológica a los estados deficitários). In A. Beristain. *Criminología, victimología y cárceles*. Bogotá: Pontificia Universidad Javeriana.
Reyes, A.; Amador, A. (2009). Qualitative and quantitative EEG abnormalities in violent offenders with antisocial personality disorder. *Journal of Forensic an Legal Medicine, 16* (2), 59-63.
Rhee, S.; Waldman, I. (2002). Genetic and environmental influences on antisocial behavior: a meta-analysis of twin and adoption studies. *Psychological Bulletin, 128* (3), 490-529.

Rijò, D.; Sousa, M. (2004). Gerar percursos sociais (GPS), um programa de prevenção e reabilitação para jovens com comportamento desviante – bases conceptuais, estruturas e conteúdos. *Infância e Juventude*, 2, 33-74.

Robert, P. (2007). *Sociologia do crime*. Petrópolis, Editora Vozes.

Robins, L. N. (1978). Study childhood predictors of adult antissocial behavior. Replications from latitudinal studies. *Psychological Medine*, 8, 611-622.

Rocha, F. (2008). Esboço de psiquiatria forense. *Revista Latinoamericana de Psicopatologia Fundamental*, 11 (1), 151-165.

Rolf, J., Masten, A.; Neuchterlein, K.; Weintraub, S. (1990*). Risk and protective factors in the development of psychopathology*. New York: Cambridge University Press.

Rove, D. C. (1994). *The limits of family influence. Genes, experience and behavior*. NewYork and London: The Guilfort Press.

——. (2002). *Biology and crime*. Los Angeles: Roxbury Publishing Company.

Rutter, M.; Giller, H. (1988). *Delincuencia juvenil*. Barcelona: Martínez Roca.

Sabater Tomás, A. (1965). *La Juventud Inadaptada y Delincuente*. Barcelona: Hispano Europea.

Sabater Tomás, A. (1976). *Los delincuentes juveniles*. Barcelona: Hispano Europea.

Sagan, C. (1997). *Os dragões do éden*. Lisboa: Gradiva.

Santos, B. (1980). *O discurso e o poder*. Porto Alegre: Fabris.

——. (1990). *Introdução a uma ciência pós-moderna*. Porto Alegre: Afrontamento.

——. (1996). *Um discurso sobre as ciências*. Porto: Afrontamento.

Schenker, M.; Minayo, M. (2004). A importância da família no tratamento do uso abusivo das drogas: uma revisão da literatura. *Cadernos de Saúde Pública*, 20 (3), 649-659.

Seddon, T. (2000). Explaining the drug-crime link: theoretical, policy and research issues. *Journal of Social Policy*, 29, 95-107.

Sherry, A.; Henson, R.; Lewis, J. (2003). Evaluating the appropriateness of college-age norms for use with adolescents on the NEO Personality Inventory-Revised. *Assessment*, 10 (1), 71-78.

Siegel, L. (2009). *Criminology* (10ª ed.). Belmont: Thomson.

——. (2010). *Introduction to criminal justice* (12ª ed.). Belmont: Cengage Learning.

——; McCornick, C. (2006). *Criminology in Canada. Theories, patterns, and typologies* (4ª ed.). Toronto: Nelson Education.

Statin, H.; Klackenberg-Larsson, I. (1993). Early language and intelligence development and their relationship to future criminal behavior. *Journal of Abnormal Psychology*, 102 (3), 369-378.

Strecht, P. (2000). *Crescer vazio. Repercussões psíquicas do abandono negligência e maus tratos em crianças e adolescentes* (3ª ed.). Lisboa: Assírio e Alvim.

Sutherland, E.; Cressey, D.; Luckenbill, D. (1992). *Principals of criminology* (11ª ed.). New York: General Hall.

Swaaningen, R. (1997). *Critical criminology. Visions from Europe*. London: SAGE Publications.

Swahn, M.; Bossarte, R.; Sullivent, E. (2008). Age of alcohol use intiation, suicidal behavior, and peer and dating violence victimization and perpretation among high-risk, seventh-grade adolescents. *Pediatrics*, 121 (2), 296-306.

Sykes, G.; Matza, D. (1957). Techniques of neutralization: a theory of delinquency. *American Sociological Review*, 22 (6), 664-670.

Tarde, G. (1924/2004). A criminalidade comparada (M. Tomasini, Trad.). Disponível em http://bdjur.tjce.jus.br/jspui/handle/123456789/133

Taylor, J.; Iacomo, W.; McGue, M. (2000). Evidence for a genetic etiology of early-onset delinquency. *Journal of Abnormal Psychology, 109* (4), 634-643.

Tehrani, J.; Mednick, S. (2002). Influências genéticas no comportamento criminal. In A. C. Fonseca, *Comportamento anti-social e família. Uma abordagem científica*. Coimbra: Livraria Almedina.

Tieghi, O. (2011). Educacion y leyes del aprendizaje social y criminogeno. *Archivos de Criminología, Criminalística y Seguridad Privada, 7*(1), 11-11. Disponível em http://scholar.google.pt/scholar?q=Archivos+de+Criminolog%C3%ADa+Tieghi+socializaci%C3%B3n&btnG=&hl=pt-PT&as_sdt=0

Tillman, K. (2006). Factores de riesgo socioculturales. In A. Serrano (Ed.). *Acoso y violência en la escuela*. Barcelona: Editorial Ariel.

Trindade, J. (2012). *Manual de Psicologia Jurídica para Operadores do Direito*. Porto Alegre: Livraria do Advogado.

——. (2002). *Delinqüência Juvenil*: compêndio transdisciplinar. Porto Alegre: Livraria do Advogado.

Valverde, M. (1981). Niveles de inadaptación social (aplicación del modelo interaccional). *Revista de Politica Social, 129*, 25-42.

——. (1988). *El processo de inadaptación social*. Madrid: Popular.

Vega, A. (1989). Hacía una criminología escolar. In J. de la Cuesta; J. Dendaluze; E. Echeburúa (Eds.). *Criminología y Derecho Penal al servicio de la Persona*. San Sebastián: IVAC.

Velaz de Medrano, C. (2002). Intervención educativa y orientadora para la inclusión social de menores en riesgo. Factores escolares y socioculturales. Madrid: UNED.

Williams, J. (1982). Criminology and *criminal justice*. London: Butterworths.

Wilson, J.; Herrnestein, R. (1985). *Crime and human nature*. New York: Simon and Schuster.

Zara, G.; Farrington, D. (2009). Childhood and adolescent predictors of late onset criminal careers. *Journal of Youth and Adolescence, 38*, 287-300.

Zukov, I.; Ptacek, R.; Fischer, S. (2008). EEG abnormalities in different types of criminal behaviour. *Activitas Nervosa Superior, 50*, 110-113.

Impressão:
Evangraf
Rua Waldomiro Schapke, 77 - POA/RS
Fone: (51) 3336.2466 - (51) 3336.0422
E-mail: evangraf.adm@terra.com.br